Informatik im Fokus

Herausgeber:

Prof. Dr. O. Günther
Prof. Dr. W. Karl
Prof. Dr. R. Lienhart
Prof. Dr. K. Zeppenfeld

Informatik im Fokus

Rauber, T.; Rünger, G.
Multicore: Parallele Programmierung. 2008

El Moussaoui, H.; Zeppenfeld, K.
AJAX. 2008

Behrendt, J.; Zeppenfeld, K.
Web 2.0. 2008

Hoffmann, S.; Lienhart, R.
OpenMP. 2008

Steimle, J.
Algorithmic Mechanism Design. 2008

Stych, C.; Zeppenfeld, K.
ITIL®. 2008

Friedrich, J.; Hammerschall, U.; Kuhrmann, M.; Sihling, M.
Das V-Modell XT. Für Projektleiter und QS-Verantwortliche - kompakt und übersichtlich. 2008

Brill, M.
Virtuelle Realität. 2008

Becker, J.; Mathas, Ch.; Winkelmann, A.
Geschäftsprozessmanagement. 2009

Finger, P.; Zeppenfeld, K.
SOA und Web-Services. 2009

Stuckenschmidt, H.
Ontologien. Konzepte, Technologien und Anwendungen. 2009

Kramer, O.
Computational Intelligence: Eine Einführung. 2009

Oliver Kramer

Computational Intelligence

Eine Einführung

Springer

Dr. rer. nat. Oliver Kramer
Technische Universität Dortmund
Fakultät für Informatik
Lehrstuhl für Algorithm Engineering (Ls11)
Otto-Hahn-Str. 14
44227 Dortmund
oliver.kramer@tu-dortmund.de

Herausgeber:

Prof. Dr. O. Günther
Humboldt Universität zu Berlin

Prof. Dr. W. Karl
Universität Karlsruhe (TH)

Prof. Dr. R. Lienhart
Universität Augsburg

Prof. Dr. K. Zeppenfeld
Fachhochschule Dortmund

ISSN 1865-4452 e-ISSN 1865-4460
ISBN 978-3-540-79738-8 e-ISBN 978-3-540-79739-5
DOI 10.1007/978-3-540-79739-5
Springer Dordrecht Heidelberg London NewYork

Bibliografische Information der Deutschen Nationalbibliothek
Die Deutsche Nationalbibliothek verzeichnet diese Publikation in der Deutschen
Nationalbibliografie; detaillierte bibliografische Daten sind im Internet über
http://dnb.d-nb.de abrufbar.

© Springer-Verlag Berlin Heidelberg 2009
Dieses Werk ist urheberrechtlich geschützt. Die dadurch begründeten Rechte, insbesondere die der
Übersetzung, des Nachdrucks, des Vortrags, der Entnahme von Abbildungen und Tabellen, der Funksendung, der Mikroverfilmung oder der Vervielfältigung auf anderen Wegen und der Speicherung in
Datenverarbeitungsanlagen, bleiben, auch bei nur auszugsweiser Verwertung, vorbehalten. Eine Vervielfältigung dieses Werkes oder von Teilen dieses Werkes ist auch im Einzelfall nur in den Grenzen
der gesetzlichen Bestimmungen des Urheberrechtsgesetzes der Bundesrepublik Deutschland vom 9.
September 1965 in der jeweils geltenden Fassung zulässig. Sie ist grundsätzlich vergütungspflichtig.
Zuwiderhandlungen unterliegen den Strafbestimmungen des Urheberrechtsgesetzes.
Die Wiedergabe von Gebrauchsnamen, Handelsnamen, Warenbezeichnungen usw. in diesem Werk
berechtigt auch ohne besondere Kennzeichnung nicht zu der Annahme, dass solche Namen im Sinne
der Warenzeichen- und Markenschutz-Gesetzgebung als frei zu betrachten wären und daher von
jedermann benutzt werden dürften. Text und Abbildungen wurden mit größter Sorgfalt erarbeitet.
Verlag und Autor können jedoch für eventuell verbliebene fehlerhafte Angaben und deren Folgen
weder eine juristische Verantwortung noch irgendeine Haftung übernehmen.

Einbandgestaltung: KünkelLopka, Heidelberg

Gedruckt auf säurefreiem Papier

Springer ist Teil der Fachverlagsgruppe Springer Science+Business Media (www.springer.com)

Für meine Frau Janina.

Vorwort

Viele auf symbolischen Repräsentationen und statischen Zuständen basierende Methoden der Informatik haben ihre Grenzen. Für natürliche und alltägliche Phänomene reicht die diskrete Modellierung vieler klassischer Verfahren nicht aus und das Bedürfnis nach fehlertoleranten Methoden entsteht. Verfahren der Computational Intelligence sind ein Ansatz, diesen Bedürfnissen gerecht zu werden. Computational Intelligence umfasst Methoden der intelligenten Informationsverarbeitung zur Optimierung, zur Steuerung und Regelung sowie zur Klassifikation. Viele ihrer Techniken sind von Lösungsansätzen der Natur inspiriert. Intention des Buches ist, dem Leser in kompakter Weise einen Überblick über die wichtigsten Methoden der Computational Intelligence zu vermitteln. Neben der Einführung der nötigen Begrifflichkeiten und algorithmischen Grundprinzipien ist das Ziel, ein vertieftes Verständnis für die Zusammenhänge zwischen den Verfahren zu erreichen. Gleichzeitig dient das Buch mit seinen Literaturreferenzen als Ausgangspunkt für vertiefende Studien.

Das Buch entstand aus dem Bedürfnis nach einer deutschsprachigen Einführung in die verschiedenen Themen der Computational Intelligence. Die Darstellung geht über die klassische Themenauswahl *evolutionäre Algorithmen, Fuzzy-Systeme* und *neuronale Netze* hinaus und berücksichtigt weitere Techniken wie *Schwarmintelligenz, künstliche Immunsysteme* und *Reinforcement Learning*, die in jüngerer Zeit zur Computational Intelligence hinzugestoßen sind. Die kompakte Darstellung aus der Vogelperspektive trifft den Schwerpunkt der Reihe *Informatik im Fokus*.

Mein besonderer Dank gilt Professor Dr. Hans Kleine Büning (Universität Paderborn) sowie Professor Dr. Günter Rudolph und Professor Dr.-Ing. Hans-Paul Schwefel (Technische Universität Dortmund) für wertvolle Anregungen und Diskussionen, die zur Entwicklung dieses Buches wesentlich beigetragen haben. Des Weiteren danke ich Holger Danielsiek, Fabian Gieseke, Andreas Thom und Hoi-Ming Wong für nützliche Korrekturhinweise. Nicht zuletzt bin ich dem Springer-Verlag für die Unterstützung dankbar, insbesondere Ronan Nugent für die Vermittlung des Kontaktes zur *Informatik im Fokus*-Reihe sowie Clemens Heine für die Betreuung während der Entwicklung des Manuskriptes.

Oliver Kramer
Dortmund, Februar 2009

Inhaltsverzeichnis

1 Überblick Computational Intelligence 1
   1.1 Intelligente Informationsverarbeitung 2
   1.2 Naturinspirierte Algorithmen 6
   1.3 Übersicht der Verfahren 7

2 Evolutionäre Algorithmen 13
   2.1 Evolution und Optimierung 14
   2.2 Mutation 21
   2.3 Rekombination 25
   2.4 Selektion 30
   2.5 Parametersteuerung 35

3 Schwarmintelligenz 41
   3.1 Schwarmkonzept 41
   3.2 Schwarmbildung 43
   3.3 Partikelschwarmoptimierung 46
   3.4 Ameisenalgorithmen 51

4 Künstliche Immunsysteme 59
   4.1 Immunsystem-Modell 59

	4.2	Affinität	63
	4.3	Immunselektion	64
	4.4	Netzwerkmodelle	70
5	**Fuzzy-Logik**		**75**
	5.1	Klassische Mengen und Aussagenlogik	76
	5.2	Fuzzy-Mengen und -Operatoren	79
	5.3	Approximatives Schließen	85
	5.4	Fuzzy-Regler	89
	5.5	Fuzzy-Clustern	95
6	**Reinforcement Learning**		**101**
	6.1	Markov-Entscheidungsprozess	102
	6.2	Value Iteration	104
	6.3	Lernen mit temporaler Differenz	109
	6.4	Exploration	116
7	**Neuronale Netze**		**119**
	7.1	Vom Nervennetz zum Algorithmus	120
	7.2	Perzeptron	125
	7.3	Backpropagation	128
	7.4	Netze mit radialen Basisfunktionen	137
	7.5	Selbstorganisierende Karten	140

Literatur 149

Index 155

1
Überblick Computational Intelligence

Die Entstehungsgeschichte der Computational Intelligence beginnt Mitte des letzten Jahrhunderts. Während die ersten neuronalen Netze 1958 von Rosenblatt entwickelt wurden, beginnt die Geschichte der evolutionären Algorithmen wie auch der Fuzzy-Logik in den Sechzigern. Diese drei Verfahren wurden seitdem nicht nur stetig weiterentwickelt, sie sind auch heute Gegenstand aktueller Forschung und stellen die Grundsäulen der Computational Intelligence dar. Ihre Bedeutung spiegelt sich in zahlreichen Publikationen wider wie den Büchern der Reihe *Studies in Computational Intelligence* von Springer oder den Journalen *IEEE Transactions on Neural Networks*, *IEEE Transactions on Fuzzy Systems* und *IEEE Transactions on Evolutionary Computation* der *IEEE Computational Intelligence Society*.

In diesem Buch werden wir die wichtigsten Techniken kennen lernen, die heute zur Computational Intelligence gezählt werden. Eine Übersicht über diese Verfahren gibt Abbildung 1.1. Einige Methoden sind verwandt mit den Techniken der

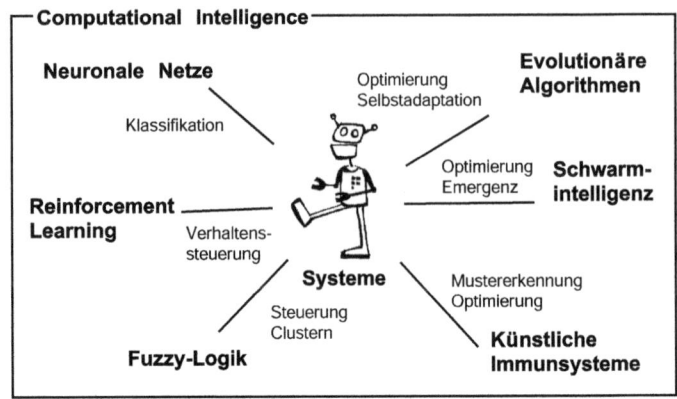

Abbildung 1.1. Übersicht über die wichtigsten Verfahren der Computational Intelligence.

künstlichen Intelligenz. Diese Verwandtschaftsbeziehung wird im folgenden Abschnitt deutlicher.

1.1 Intelligente Informationsverarbeitung

Die Vision intelligenter Maschinen stellte schon in den Pionierzeiten der Informatik die Antriebsfeder für die Entwicklung leistungsfähiger und intelligenter Algorithmen dar. Bereits John von Neumann und Alan Turing hatten die Vision menschenähnlicher Maschinenintelligenz. Seit Beginn der Informatik entstand eine Vielzahl von Forschungsfeldern mit dem Ziel, Algorithmen zu entwickeln, die intelligente Leistungen vollbringen. Dabei bezeichnen wir Informationsverarbeitung als intelligent, wenn die Algorithmen menschenähnliche Leistungen zu vollbringen in der Lage sind. Dazu zählen insbesondere Lernfähigkeit und die Fähigkeit zur Anpassung an sich verändernde Umstände. Eine weitere Charakterisierung des Begriffs *intelligenter Informationsverarbeitung* erfolgt am leichtesten über die Aufgaben, die mit Hilfe der Methoden gelöst werden. Zu den wichtigsten Aufgaben gehören

- Suche und Optimierung,
- Klassifikation und Gruppierung,
- Erkennung von Mustern,
- Steuerung von Verhalten und komplexe Regelung.

Einige dieser Aufgaben werden wir im Laufe dieses Buches im Zusammenhang mit den vorgestellten Techniken näher kennen lernen. Im Laufe der Dekaden entstand ein unübersichtliches Durcheinander von Begrifflichkeiten wie künstliche Intelligenz, Computational Intelligence, maschinelles Lernen, Bionik, *Soft Computing* oder *Natural Computation* – um nur einige zu nennen. Eine übersichtliche Einordnung ist jedoch bereits mit wenigen Begriffen möglich. Algorithmen zur intelligenten Informationsverarbeitung gehören zu den beiden sich durchaus überschneidenden Hauptgebieten Computational Intelligence und künstliche Intelligenz. Zu diesen beiden Hautgebieten können die meisten Methoden gezählt werden, die die oben genannten Aufgaben lösen.

Der Begriff **künstliche Intelligenz** hat seinen Ursprung in der berühmten Dartmouth Konferenz im Sommer 1956, die von Pionieren wie Marvin Minsky und Claude Shannon organisiert wurde. Im Rahmen der so genannten *schwachen* künstlichen Intelligenz wird ein Algorithmus als intelligent bezeichnet, wenn er zur Problemlösung menschenähnliche Leistungen vollbringt wie eine Form des Lernens, der Anpassung oder der Schlussfolgerung. Die *starke* künstliche Intelligenz hingegen zielt darauf ab, menschliche Kognition nachzubauen, d.h. insbesondere Bewusstsein, Emotionen und Kreativität zu erschaffen. Innerhalb der künstlichen Intelligenz sind eine Reihe von Methoden angesiedelt, die von **symbolischen** Ansätzen wie Entscheidungsbäumen über Logik-basierte Verfahren und fallbasiertes Schließen bis hin zu stochastischen Automaten reichen. Diese Ansätze nutzen meist diskrete Konzepte, mit deren Hilfe logische Aussagen oder Zustände repräsentiert werden können. In diesem Zusammenhang haben sich Aussagen- und Prädikatenlogik sowie die Programmiersprache **Prolog** als unerlässlich erwiesen. Prolog-Programme stellen eine Regelbasis logischer Aussagen dar. Anfragen an diese Regelbasis sind wiederum logische Aussagen. Der Prolog-Interpreter versucht, durch Inferenz zu prüfen, ob die Anfrage-Aussage aus den Fakten der Regelbasis logisch ableitbar ist. Entscheidungsbäume ermöglichen induktives Lernen von Begriffen oder Klassen mit Hilfe einer Menge von Beispielen. Die Datenbeispiele liegen in einer Attribut-Werte-Repräsentation vor. An jedem Knoten des Baumes wird der Wert des Attributes geprüft bis schließlich ein Blatt erreicht wird, das für den gelernten Begriff steht. In der Lernphase wird versucht, aufgrund der Datenbeispiele einen kleinen Baum zu finden, der in der Lage ist, möglichst viele Datenbeispiele zu repräsentieren.

Viele auf diskreten symbolischen Repräsentationen und statischen Zuständen basierende Methoden haben jedoch ihre Grenzen. Für natürliche und alltägliche Phänomene reicht die diskrete Modellierung vieler klassischer Verfahren nicht aus und das Bedürfnis nach fehlertoleranten Methoden entsteht. Verfahren der Computational Intelligence sind ein Ansatz, diesen Bedürfnissen gerecht zu werden. Sie werden auch als **subsymbolische** Techniken bezeichnet. Denn sie arbeiten häufig mit Repräsentationen unterhalb der Symbolebene, etwa durch Repräsentation eines Zustandes oder einer Probleminstanz mit einer Menge numerischer Werte. Die meisten Techniken der Computational Intelligence zeichnen sich durch folgende Eigenschaften aus:

- **Fehlertoleranz:** Viele Methoden der Computational Intelligence sind fehlertolerant gegenüber falschen, unscharfen oder unzulässigen Eingaben. Fehlertolerant sind beispielsweise neuronale Netze, die ein Klassifikationsergebnis mit ihren nichtlinearen Schwellwertfunktionen approximieren oder Fuzzy-Systeme, die unscharfe Regeln modellieren.

- **Parallelität**: Mit wenigen Ausnahmen basieren alle Methoden auf einer parallelen Ausführung einer großen Menge von Berechnungseinheiten, z.b. die Population evolutionärer Verfahren oder die Neuronen eines Backpropagation-Netzes. Auch wenn viele Implementierungen auf der sequentiellen Ausführung basieren, ist die Natur der Algorithmen parallel.
- **Einfachheit der Modellierung**: Der Modellierung eines Problems kommt in der Informatik ein hoher Stellenwert zu. Ein durchdacht modelliertes Problem kann mit einem geeigneten Algorithmus in der Regel effizient gelöst werden. Auch Methoden der Computational Intelligence erfordern eine durchdachte Modellierung, ermöglichen jedoch auch mit wenig Modellierungsaufwand schnellen Erfolg. Sie eignen sich daher besonders für schnelle und damit kostengünstige Lösungen.
- **Effiziente Näherung**: Exakte Verfahren finden garantiert die optimale Lösung, ihre Laufzeit verschlechtert sich jedoch oft rapide mit der Größe der Probleminstanz. Bei praktischen Problemen steigt die Anzahl möglicher Zustände in der Regel kombinatorisch an. Dadurch verschlechtert sich die Laufzeit vieler Verfahren und steigt exponentiell. Einige Methoden der Computational Intelligence approximieren die Lösung häufig auf Basis stochastischer Komponenten und finden die optimale Lösung nicht garantiert. Dafür ist ihre Laufzeit auf großen Probleminstanzen für Näherungslösungen akzeptabel.

1.2 Naturinspirierte Algorithmen

Die Natur hat im Laufe der Jahrmillionen auf der Erde eine große Vielfalt von Problemlösungsstrategien für die Aufgaben Überleben und Fortpflanzung entwickelt. Von diesen Techniken zu lernen heißt, biologische Konzepte in algorithmische Modelle zu übersetzen und auf diese Weise für Problemlösungsprozesse nutzbar zu machen. Interessanter Weise sind viele Verfahren der Computational Intelligence an ein biologisches Vorbild angelehnt und bedienen sich der Sprache der Biologie. Wir werden in dieser Einführung immer wieder auf biologische und natürliche Modelle stoßen, die den Methoden der Computational Intelligence Pate stehen. Viele Algorithmen verdanken ihre Entstehung einer Analyse biologischer Vorgänge. Diese führen zu einem einfachen biologischen Modell, das in eine Rechenvorschrift übersetzt wird. Die folgenden drei Einflussgrößen begleiten den Weg vom biologischen Modell zum anwendungstauglichen Algorithmus:

- **Biologische Inspiration**: Neue und detailliertere Inspirationen durch das biologische Vorbild erweitern das vorhandene einfachere Modell.
- **Theoretisches Modell**: Analysen führen zu einem theoretischen Modell, das zur Vereinheitlichung vorhandener Modelle oder zu Erweiterungen führen kann.
- **Anwendungsspezifische Anpassung**: Bei der Anwendung des Verfahrens ergeben sich problemspezifische Anforderungen, die eine Anpassung und Erweiterung des einfachen Modells erfordern.

Eng verwandt mit den naturinspirierten Rechenvorschriften sind Technologien der **Bionik**, denn auch diese Disziplin konzentriert sich auf naturinspirierte Problemlösungsprozesse. Jedoch bezieht sich die Bionik hauptsächlich auf die Analyse und Nachahmung von *physischen Strukturen* und nicht auf algorithmische Konzepte. Dazu zählt beispielsweise die berühmte

Analyse des Vogelflugs zum Nachbau von Fluggeräten oder die Nachahmung des nanoskopischen Effektes der Wasser abweisenden Lotuspflanze. Dabei kann zwischen zwei Bionik-Ansätzen unterschieden werden. Der Abstraktions-Ansatz analysiert biologische Systeme und abstrahiert ihre zugrunde liegenden Prinzipien, um dafür mögliche Anwendungsgebiete zur Lösung von Problemen zu finden. Umgekehrt geht der Analogie-Ansatz vor. Dort wird ausgehend von konkreten Problemstellungen in der Natur nach Analogien gesucht, um deren Problemlösungsweg zu identifizieren und zu nutzen. Weitere erfolgreiche Beispiele für Bionik-Forschung sind der Klettverschluss, der von Georges de Mestral nach dem Vorbild der Klettfrüchte konstruiert wurde oder die Winglets von Flugzeugflügeln, die die Handschwingen verschiedener Vogelarten imitieren und durch Verursachung von Wirbeln am Flügelende den Energieverbrauch reduzieren.

1.3 Übersicht der Verfahren

Der Leser wird in diesem Buch die wichtigsten Konzepte der Computational Intelligence kennen lernen. Die vorgestellten Algorithmen haben sich als leistungsfähige Problemlösungsmethoden etabliert und Einzug in die verschiedensten Bereiche der Informatik und der Ingenieurwissenschaften gehalten. Es folgt ein Kurzabriss der in diesem Buch vorgestellten Techniken.

Kapitel 2: Evolutionäre Algorithmen

Seit gut 4,6 Milliarden Jahren existiert die Erde, der einzige uns bekannte belebte Himmelskörper. Das Leben auf der Erde ist das Ergebnis eines Prozesses, der auf genetischer Variation und natürlicher Auslese beruht und mit Evolution bezeichnet wird. Die Grundprinzipien lassen sich in algorithmische Konzepte übersetzen und sind seit den 1960er Jahren als evolutionäre Algorithmen bekannt. Kapitel 2 führt in die Grundlagen der evolutionären Verfahren ein. Sind kaum Informationen über den Suchraum verfügbar oder ist das zu optimierende Problem weder stetig noch differenzierbar, bieten sich die vorgestellten Techniken für Optimierungsprobleme an. Die Vererbung der Eigenschaften mehrerer Lösungen ist als Rekombination bekannt. Die Variation von Lösungen wird als Mutation bezeichnet. Die Auswahl der besten Lösungen verleiht der Suche eine Richtung. Abhängig von der verwendeten Repräsentation und vom Problemtyp existieren unzählige algorithmische Varianten.

Kapitel 3: Schwarmintelligenz

Das Ganze ist mehr als die Summe seiner Teile. Diese Aussage bewahrheitet sich insbesondere bei natürlichen Schwärmen. Ob in Bienenstaaten, Ameisenkolonien, Fisch- oder Vogelschwärmen, das Individuum hat keine große Bedeutung. Erst in seiner Interaktion mit der Masse weiterer meist gleichartiger Artgenossen kommt es zu einem intelligenten und emergenten Zusammenspiel, das als Schwarmintelligenz bekannt ist. Auch dieses natürliche Vorbild wurde erfolgreich algorithmisch übersetzt. Die Partikelschwarmoptimierung eignet sich ähnlich wie die evolutionären Verfahren für die Approximation von Lösungen für Optimierungsprobleme, über die kaum Wissen zur Verfügung steht. Ameisenalgorithmen eignen sich für kombinatorische Optimierungsprobleme, bei denen zusätzliches heuristisches Wissen über Teillösungen bereit steht. Die Lösungsqualität wird über Pheromone auf die einzelnen Komponenten der Lösung verteilt. Die Ähnlichkeit zwischen Verfahren der Schwarmintelligenz und der evolutionären Algorithmen geht weit über ihre gemeinsame Aufgabe zu optimieren hinaus.

Beide Techniken sind populationsbasiert und verwenden stochastische Operatoren zur Variation ihrer Lösungskandidaten.

Kapitel 4: Künstliche Immunsysteme

Auch die künstlichen Immunsysteme sind mit den evolutionären Verfahren und der Schwarmintelligenz verwandt. Künstliche Immunsysteme imitieren die Konzepte natürlicher Immunsysteme bei der Bekämpfung von Antigenen wie Bakterien oder Viren. Auch Immunsysteme basieren auf einer Population von Akteuren. Zu ihren wesentlichen funktionalen Prinzipien gehören vor allem Selektionsoperatoren wie positive oder klonale Selektion. Diese ermöglichen die Erkennung und somit die Anpassung an Antigene. Ein typisches Einsatzgebiet künstlicher Immunsysteme sind Mustererkennungsaufgaben. Sie dienen aber auch mit ihren funktionalen Komponenten als Vorlage für eine Vielzahl weiterer verteilter Informationsverarbeitungsmodelle.

Kapitel 5: Fuzzy-Logik

Der Modellierung unscharfer Begriffe und Inferenz auf unscharfen Informationen widmet sich das Gebiet der Fuzzy-Logik. Unschärfe ist in der Regel ein Kennzeichen menschlicher Sprache. Die Methoden der Fuzzy-Logik stehen Pate für kognitionsähnliche unscharfe Modellierung. Konzepte und logische Aussagen können nicht allein nur zwei, sondern eine ganze *Menge von Wahrheitswerten* annehmen. Fuzzy-Logik ermöglicht auch, Schlussfolgerungen auf diesen unscharfen Aussagen zu ziehen. Auf diese Weise werden Fuzzy-Regler konstruiert, die sich in der Praxis als leistungsfähige Regler etablieren konnten. Fuzzy-Regelbasen können für einfache Regler, aber auch für die Steuerung komplexer Systeme eingesetzt werden. Außerdem werden wir eine fuzzifizierte Variante des Verfahrens k-Means zum Clustern von Daten kennen lernen.

1 Überblick Computational Intelligence

Kapitel 6: Reinforcement Learning

Ein weiteres Prinzip menschlicher Kognition ist neben unscharfer Informationsverarbeitung das Prinzip von Belohnung und Bestrafung. Nützliches Verhalten wird entweder von außen durch einen *Lehrer* oder intern durch entsprechende Bereiche des Gehirns belohnt, während unerwünschtes oder nicht zielgerichtetes Verhalten häufig bestraft wird. Dieses Prinzip für künstliche Systeme nutzbar zu machen, hat zur Entwicklung der Verfahren geführt, die unter dem Oberbegriff *Reinforcement Learning* bekannt sind. Mit Hilfe von *Reinforcement Learning* kann optimales Verhalten erlernt werden, indem jedem Zustand ein Wert zugewiesen wird. Value Iteration basiert auf dynamischer Programmierung und ist geeignet, die optimale Strategie zu finden, wenn der Zustandsraum vollständig bekannt ist. Bei unbekannten Zustandsräumen ermöglicht *Q-Lernen*, Zustands-Aktions-Paare zu bewerten, ohne über das vollständige Markov-Modell zu verfügen. Währenddessen ermöglicht *Temporal Difference Learning*, den Wert von Zustands-Aktions-Paaren über mehrere Zustände hinweg genauer zu approximieren.

Kapitel 7: Neuronale Netze

Den biologischen Grundlagen natürlicher Kognition widmet sich das Gebiet der neuronalen Netze. Diese modellieren verschiedene in natürlichen neuronalen Netzen identifizierte Prinzipien der Informationsverarbeitung und ermöglichen so, eine ganze Reihe von Klassifikations- und Optimierungsaufgaben zu bewältigen. Das Perzeptron von Rosenblatt ist ein einfacher Algorithmus, um Daten zu klassifizieren. Ein einschichtiges *Perzeptron* ist auf lineare Separation begrenzt. Mehrschichtige Perzeptrons sind in der Lage, beliebige Daten zu klassifizieren. Einen mächtigeren Klassifikator stellt das *Backpropagation*-Netz dar. Es basiert auf einem Verfahren, das Gradientenabstieg in der Fehlerfunktion ähnelt. Selbstorganisierende Karten ermöglichen die unüberwachte Abbildung hochdimensionaler Daten auf niedrigdimensionale Vektoren. Da benachbarte Daten denselben Vektoren zugeordnet werden, können sie auch als Clusterverfahren eingesetzt werden.

Neben der Vorstellung der Begrifflichkeiten jeder Methodenklasse steht eine kompakte Darstellung der grundlegenden Verfahrens- und Denkweisen im Vordergrund dieses Buches. Jedes Kapitel enthält ein beispielhaftes Anwendungsszenario und endet mit einer Literaturliste. Bei dem Anwendungsszenario handelt es sich meist um die Vorstellung einer aktuellen Arbeit, deren Auswahl in vollem Maße der Subjektivität des Autors obliegt und hauptsächlich das Ziel verfolgt, das Interesse des Lesers für das jeweilige Gebiet zu wecken. Anwendungsbeispiel und Literaturliste dienen weiterhin als Ausgangspunkt für die eigene Literaturrecherche.

Literaturempfehlung

GÖRZ, G.: *Handbuch der Künstlichen Intelligenz.* Oldenbourg, 2003, [19].

KONAR, A.: *Computational Intelligence.* Springer, 2005, [33].

LIPPE, W.-M.: *Soft-Computing.* Springer, 2006, [36].

MITCHELL, T. M.: *Machine Learning.* McGraw-Hill, 1997, [38].

RUSSEL, S.; NORVIG, P.: *Artificial Intelligence: A Modern Approach.* Prentice Hall, 1995, [47].

RUTKOWSKI, L.: *Computational Intelligence - Methods and Techniques.* Springer, 2008, [48].

2

Evolutionäre Algorithmen

Evolutionäre Algorithmen sind naturinspirierte Optimierungsverfahren. Mit ihrer Hilfe können optimale Lösungen für die verschiedenartigsten Probleme gefunden werden, ohne über Problemwissen zu verfügen. Ein Basisprinzip evolutionärer Verfahren liegt in der stochastischen Erkundung des Suchraumes. Die Zufallssuche erfolgt dabei nach dem Vorbild natürlicher Evolution. Der Algorithmus verfügt über eine *Population* von Lösungen, die durch *Paarung* entstehen und die *mutiert* werden. Schließlich werden die besten Lösungen *selektiert*, um in die nächste *Generation* übernommen zu werden. Mittlerweile haben sich evolutionäre Methoden in der Praxis als robuste und erfolgreiche Optimierungsalgorithmen etabliert. Ihr Vorteil gegenüber problemspezifischen Methoden liegt in ihrer universellen Einsatzfähigkeit. Sie verwenden keinerlei Wissen über die Struktur des zu optimierenden Problems und haben daher kaum Anforderungen an den Suchraum. Jeder Lösung muss lediglich eine Qualität zugeordnet werden können.

2.1 Evolution und Optimierung

Das Prinzip der stochastischen Änderung von Lösungen und Akzeptanz einer Lösung bei Verbesserung, bzw. Verwerfen bei schlechter Qualität stellt ein einfaches wie effektives biologisches Prinzip dar, dessen Grundidee auf einfache Weise algorithmisch realisierbar ist. Bevor wir jedoch die evolutionären Verfahren näher kennen lernen, wiederholen wir in aller Kürze einige biologische Grundlagen.

2.1.1 Kurzexkurs Biologie

Die Eigenschaften eines Lebewesens sind in seinen Genen kodiert. Ob Augenfarbe, Geschlecht oder Körpergröße, in unseren Genen sind unsere körperlichen Merkmale versteckt. Aber was versteht der Biologe eigentlich unter einem Gen? Darüber wurden viele Jahre intensive Diskussionen geführt. Eine allgemein akzeptierte Definition ist jedoch die folgende: Ein Gen ist ein DNA[1]-Abschnitt, dem eine Funktion bei der Kodierung eines phänotypischen Merkmals zugeordnet werden kann. Weiß man also über einen Abschnitt der berühmten DNA, dass dieser ein Körpermerkmal kodiert, so fasst man dieses DNA-Fragment zu einem Gen zusammen. Eine relativ genaue Schätzung der Anzahl menschlicher Gene liegt bei ca. 20.500, was weit weniger ist als in den Jahrzehnten zuvor angenommen. Kommen wir zurück zur DNA. Sie ist eine Nukleinsäure, eine lineare unverzweigte Kette aus den Nukleotiden Adenin (A), Guanin (G), Thymin (T) sowie Cytosin (C). Die DNA-Nukleinsäurekette ordnet sich in Form einer Doppelhelix an. Dabei stehen sich komplementäre Nukleotide gegenüber: A und T, sowie G und C. Das menschliche Genom enthält ca. drei Milliarden von diesen Basenpaaren. Jedoch ist die menschliche DNA, die sich

---
[1] Desoxyribonucleinsäure, im Englischen *deoxyribonucleic acid*

2.1 Evolution und Optimierung   15

im Zellkern befindet, nicht etwa nur ein langes Kettenmolekül, sie ist vielmehr in 23 Ketten, den Chromosomen unterteilt. Alle Basenpaare hätten ausgebreitet eine Länge von 2,6 m, sind jedoch im Zellkern auf eine Größe von nur 200 μm zusammengepfercht.

Bei der Paarung wird das Genom der Eltern während der Mitose vermischt. Dies ist ein evolutionäres Grundprinzip: die Kombination des Genoms zweier Eltern. Ein weiteres liegt in der zufälligen Veränderung der Gene, der Mutation. Diese kann unterschiedliche Ursachen haben. Die DNA muss während der Zellteilung kopiert werden, wobei es zu Kopierfehlern kommen kann. Auch äußere Einflüsse wie Strahlung oder chemische Substanzen können Fehler in der DNA bewirken. Irgendwann muss aus der DNA ein körperliches Merkmal entstehen. Dies geschieht während der *Genexpression*. Die Genexpression vollzieht den ersten Schritt der Transformation vom Genotyp zum Phänotyp, nämlich den Schritt von der DNA zum Protein. In ihrer ersten Phase, der Transkription, wird die DNA in eine Zwischenform, die RNA übersetzt. In der zweiten Phase, der Translation, wird die RNA in Proteine synthetisiert. Proteine sind schließlich die Grundbausteine, aus denen sich das Leben zusammensetzt. Die Welt der Proteine und ihres Zusammenspiels sowie der lange Weg zum vollständigen Phänotyp ist ein komplexes wie aktives und in vielen Facetten noch unverstandenes Forschungsgebiet.

2.1.2 Optimierung durch Evolution

Ein wichtiges Aufgabengebiet der Informatik ist die Optimierung. Parameter wie Kraft oder Leistung sollen maximiert werden, während Größen wie Verbrauch, Zeit oder der entstehende Fehler minimiert werden sollen. Die Mathematik bietet eine Fülle von Methoden, um das Maximum oder das Minimum eines Systems, etwa einer mathematischen Funktion, zu finden.

Was aber ist zu tun, wenn so gut wie nichts über das Problem bekannt ist — wenn wir keine Ableitung einer Funktion bilden können und keine Hilfen zur Verfügung stehen, die die Problemstruktur betreffen. Die Natur macht uns vor, was dann zu tun ist: Sie sucht mit Hilfe des Zufalls, denn sie kann in diesem Sinne nicht über ein Problem *nachdenken*. Genau dies geschieht bei der Evolution. Zufällige Änderungen am Genom erzeugen neue phänotypische Varianten. Die erfolgreichen unter ihnen vererben ihre Gene weiter, die erfolglosen sterben aus. Bevor wir näher evolutionäre Verfahren kennen lernen, definieren wir ein Optimierungsproblem formal. In Bezug auf ein definiertes Qualitätsmaß muss ein Parametersatz gefunden werden, der die Qualität des Systems maximiert. Wir definieren hier ein Optimierungsproblem als Minimierungsproblem und drücken die Qualität durch eine Kostenfunktion $f(x)$ aus, die bei evolutionären Algorithmen auch Fitnessfunktion genannt wird.

Definition 2.1 (Optimierungsproblem) *Sei $f : \mathcal{X} \to \mathbb{R}$ die zu minimierende Fitnessfunktion in einem beliebigen Suchraum $\mathcal{X}$. Finde dort ein Element $x^* \in \mathcal{X}$, so dass $f(x^*) \leq f(x)$ für alle $x \in \mathcal{X}$.*

Das Problem des Handelsreisenden[2], also die Aufgabe, die kürzeste Rundreise zwischen N Städten zu finden, wobei jede Stadt nur einmal besucht werden soll und der Endpunkt der Reise dem Startpunkt entsprechen muss, ist ein berühmtes Beispiel für ein Optimierungsproblem. Dieses Beispiel werden wir später im Zusammenhang mit der Inversions-Mutation noch einmal aufgreifen.

Die Grundidee evolutionärer Algorithmen liegt nun in der Übersetzung der evolutionären Faktoren Mutation, Rekombination und Selektion in einen Algorithmus. Die Verbesserung der Lösungskandidaten vollzieht sich in drei Schritten. Im

---

[2] im Englischen als *Traveling Salesperson Problem* (TSP) bekannt

2.1 Evolution und Optimierung

ersten Schritt, der Rekombination, werden die Merkmale zweier Lösungen zu einer Lösung kombiniert. Im zweiten Schritt wird die Lösung einer meist kleinen zufälligen Änderung, einer Mutation, unterworfen. Schließlich werden im dritten Schritt die besten Lösungen selektiert und dem Suchprozess wird auf diese Weise eine Richtung aufgeprägt. Dann wird der Prozess wieder von vorne begonnen bis die Qualität der Lösung ausreichend oder eine andere Abbruchbedingung erfüllt ist. Für die verschiedenen Lösungsrepräsentationen existieren angepasste Operatoren, einige davon werden wir in diesem Kapitel kennen lernen. Evolutionäre Verfahren erkunden also den Suchraum stochastisch mit Hilfe von Lösungskandidaten, die im Laufe der Suche in jeder Iteration verbessert werden. Iterationen werden in diesem Zusammenhang in Anlehnung an das biologische Vorbild **Generationen** genannt.

1	**Start**
2	Initialisiere Individuen x_i aus Population $\mathcal{P}$;
3	Bewerte Individuen x_i aus $\mathcal{P}$;
4	**Repeat**
5	**For** $i = 0$ **To** λ
6	Selektiere ρ Eltern aus $\mathcal{P}$;
7	Erzeuge x_i durch Rekombination;
8	Mutiere x_i;
9	Bewerte $x_i \longrightarrow f(x_i)$;
10	Füge x_i zu $\mathcal{P}'$ hinzu;
11	**Next**
12	Selektiere $\mathcal{P}$ aus $\mathcal{P}'$;
13	**Until** Abbruchbedingung
14	**End**

Abbildung 2.1. Der Ablauf eines evolutionären Algorithmus.

Um die Arbeitsweise evolutionärer Verfahren genauer kennen zu lernen, werfen wir einen Blick auf den Ablauf eines evolutionären Algorithmus mit einem einfachen Populationsmodell (siehe Abbildung 2.1). Dieser arbeitet mit einer Population $\mathcal{P}$ von μ Lösungen, im Folgenden auch als Individuen bezeichnet. Jedes Individuum repräsentiert eine potenzielle Lösung für das betrachtete Problem. Zu Anfang werden die Individuen initialisiert, also mit anfänglichen Werten belegt und ihre Qualität, auch *Fitness* genannt, bewertet. In jedem Generationsschritt werden die Individuen der aktuellen Population mittels der genetischen Operatoren Rekombination und Mutation einer Transformation unterworfen. Die Rekombination wählt zunächst ρ Eltern aus und kombiniert deren Teile der Lösung zu einer neuen. Daraufhin verändert der Mutationoperator die entstandene Lösung zufällig. Nach Berechnung seiner Fitness wird das Individuum zur Population $\mathcal{P}'$ der Nachkommen hinzugefügt. Sind λ Nachkommen erzeugt worden, wird die neue Elternpopulation $\mathcal{P}$ durch Selektion von μ Individuen zum Überleben aus der gerade erzeugten Nachkommenpopulation $\mathcal{P}'$ ausgewählt und der Prozess beginnt von vorn. Die Iterationsschleife wird typischer Weise abgebrochen, wenn die erzielte Lösungsqualität ausreichend ist oder wenn keine Zeit mehr zur Verfügung steht, z.B. nach einer festen Anzahl von Generationen.

2.1.3 Grundformen evolutionärer Verfahren

Die in Europa und den USA getrennt ablaufende historische Entwicklung evolutionärer Verfahren hat die Entstehung verschiedener algorithmischer Grundformen zur Folge. Tatsächlich ist aufgrund der Ähnlichkeit der Varianten eine Kategorisierung nur noch eingeschränkt sinnvoll und soll hier nur kurz angerissen werden.

Genetische Algorithmen wurden Anfang der siebziger Jahre von John Holland entworfen. Bei der Entwicklung geneti-

2.1 Evolution und Optimierung 19

scher Algorithmen war es Hollands Ziel, adaptives Verhalten zu erzeugen. In seinem Buch *Adaptation in Natural and Artificial Systems* [25] beschreibt er die Entwicklung von genetischen Algorithmen. Sein Ur-Algorithmus wird heute als Simple GA bezeichnet. Seine Individuen sind als binäre Strings kodiert, die aus mehreren Segmenten zusammengesetzt sind. Als Variationsoperator wird hauptsächlich die Rekombination genutzt, deren Varianten wir in diesem Kapitel noch kennen lernen werden. Die Individuen für die nächste Generation werden mit Hilfe fitnessproportionaler Selektion ausgewählt.

Die **Evolutionsstrategien** wurden von Rechenberg und Schwefel Mitte der sechziger Jahre an der Technischen Universität Berlin entwickelt [7, 41, 50]. Die Evolutionsstrategien begannen mit diskreter Optimierung. Heute gilt als ihr Haupteinsatzgebiet die numerische Optimierung, also die Minimierung im Raum $\mathbb{R}^N$ der reellen Zahlen, für die auch die Theorie weit fortgeschritten ist. Jedes Individuum besteht aus einem Vektor reeller Zahlen und einer Menge von Strategieparametern σ (siehe Abschnitt **Parametersteuerung**). Evolutionsstrategien verwenden hauptsächlich Gauß-Mutation, die im $\mathbb{R}^N$ ausgezeichnete Ergebnisse erzielt (siehe Abschnitt 2.2) sowie intermediäre und dominante Rekombination (siehe Abschnitt 2.3).

Die **evolutionäre Programmierung** ähnelt heutzutage in ihrer kontinuierlichen Form den Evolutionsstrategien. Die ursprüngliche Form von Fogel, Owens und Walsh [16] arbeitet jedoch nicht auf einfach strukturierten Suchräumen wie $\mathbb{R}^N$ oder $\{0,1\}^N$, sondern auf einer höheren Abstraktionsebene. Ursprünglich war es das Ziel der evolutionären Programmierung, deterministische endliche Automaten zu erzeugen, die eine Menge von Trainingsbeispielen – Eingabewörter zusammen mit einer richtigen Ausgabe – möglichst korrekt wiedergeben. Kleine Automaten mit einer großen Verallgemeinerungsfähigkeit, die sich an ihre Umwelt anpassen können, sollten entstehen. Fogels Erweiterungen des Verfahrens auf reellwertige Variablen mit normalverteilten Mutationen enthalten, ähnlich den Evolutionsstrategien, einen selbstadaptiven Mutationsanpassungsmechanismus. Jedes Elternpaar erzeugt einen Nachkommen, die bessere Hälfte der Eltern und die bessere Hälfte der Nachkommen werden mittels stochastischer Turnierselektion selektiert. Rekombination ist bei der evolutionären Programmierung bis heute verpönt.

Der **genetischen Programmierung** liegt die Idee zu Grunde, Computerprogramme automatisch zu generieren. Ende der 80er Jahre wurde diese Verfahrensklasse von John Koza entwickelt [34]. Bei der genetischen Programmierung wird versucht, mit Hilfe von Konzepten der imperativen und prozeduralen Programmierung Computerprogramme zur Aufgabenlösung zu evolvieren. Dazu gehören insbesondere Konzepte wie Rekursion, Schleifen und Subroutinen. Die Individuen der genetischen Programmierung bestehen aus Programmen und können typischer Weise mit Hilfe von Bäumen oder als Maschinenprogramme repräsentiert werden. Besonders geeignet ist in diesem Zusammenhang die Programmiersprache LISP, da ihre Ausdrücke einfach als Baumstruktur darstellbar sind. In der Praxis werden die LISP-Ausdrücke heute seltener verwendet und auf Maschinensprache zurückgegriffen. Die Fitness eines Programmes wird durch die Qualität seiner generierten Ausgabe definiert. Im Anwendungsbeispiel wird genetischen Programmierung verwendet, um Programme für Laufroboter zu entwickeln.

Hybridisierungen zwischen evolutionären Algorithmen und lokalen Suchverfahren werden **hybride Metaheuristiken** oder **memetische Algorithmen** genannt. Der Hybridisierung liegt die Motivation zugrunde, die Vorteile der exakten und der evolutionären Techniken zu kombinieren. Entweder werden zwei evolutionäre Verfahren miteinander hybridisiert oder − und das ist der häufigere und meist erfolgreichere Fall − das evolutionäre Verfahren wird mit einem exakten Verfahren kombiniert. Letzteres wird meist als lokales Suchverfahren bezeichnet, da es zur Durchsuchung der lokalen Umgebung im Suchraum einer Lösung verwendet wird. Bei kombinatorischen Problemen handelt es sich dabei meist um eine exakte Technik wie ganzzahlige lineare Optimierung, Verfahren der dynamischen Programmierung und *Branch-and-Bound*-Methoden. Bei numerischen Suchräumen können Methoden der direkten Suche wie *Pattern Search*, *Simplex Search* oder *Newton*-Verfahren zum Einsatz kommen.

2.2 Mutation

Die Aufgabe der Mutation ist die Exploration des Suchraumes. Sie stellt die Hauptquelle für genetische Variation dar. Mutationen sollen mit hoher Wahrscheinlichkeit eher kleine Änderungen an der Lösung erzeugen. Nach Schwefel [7] muss ein Mutationsoperator drei Anforderungen erfüllen. Ausgehend von einem gegebenen Punkt im Suchraum muss jeder andere Punkt erreichbar sein. Andernfalls wäre es möglich, dass das Optimum nie gefunden werden kann. Des Weiteren sollte die durch Mutation verursachte genetische Variation keinen Drift aufweisen, sondern sich in alle Richtungen des Suchraumes mit gleicher Wahrscheinlichkeit bewegen. Erst die Selektion drängt durch die Fitnesswerte der Nachkommen den Suchprozess in eine bestimmte Richtung. Denn mit der Mutation erkunden wir den Suchraum, mit der Selektion nutzen wir die gewonnenen Information aus, die in der aktuellen Population steckt. Schließlich soll die Stärke der Mutation einstellbar sein, um erfolgreiche Schritte in der Fitnesslandschaft zu ermöglichen. Wir werden nun einige Mutationsoperatoren kennen lernen, die sich im Laufe der Zeit als Standard im Bereich evolutionärer Verfahren etablieren konnten.

2.2.1 Von der Bit- zur uniformen Mutation

Nehmen wir zunächst an, dass unser Individuum **x** als Kette von Bits $b_1, \ldots b_N$ vorliegt, also zum Beispiel

$$\mathbf{x} = (0, 1, 1, 0, 0, 1, 0). \tag{2.1}$$

Bei Bit-Repräsentationen wird für gewöhnlich jedes Bit mit einer Wahrscheinlichkeit p_m gekippt, also eine Null zu einer Eins getauscht und eine Eins zu einer Null. Ist l die Länge des Chromosoms, wird häufig $p_m = 1/l$ gesetzt. Kippt der evolutionäre Algorithmus also beispielsweise das 3. und das 5. Bit, so erhalten wir als neues Individuum

$$\mathbf{x} = (0, 1, 0, 0, 1, 1, 0). \tag{2.2}$$

Random Resetting ist eine logische Erweiterung der Bit-Mutation auf diskrete Suchräume mit mehr als zwei Elementen. Für jede Position des Individuums wird mit Wahrscheinlichkeit p_m der vorhandene Wert durch einen zufälligen aus der Menge möglicher Werte ersetzt. Ähnlich geht die uniforme Mutation bei Fließkommarepräsentationen, also im $\mathbb{R}^N$, vor. Für jede Position wird mit Wahrscheinlichkeit p_m ein neuer Wert aus einem definierten Intervall $[x, y] \in \mathbb{R}$ bestimmt.

2.2.2 Inversions-Mutation

Bei vielen kombinatorischen Problemen kommt es bei der Lösung auf die Reihenfolge der Elemente an. Betrachten wir beispielhaft eine Repräsentation für das Problem des Handelsreisenden, bei der die Tour durch die Reihenfolge der Städte

$$\pi = (S_1, S_2, \ldots) \tag{2.3}$$

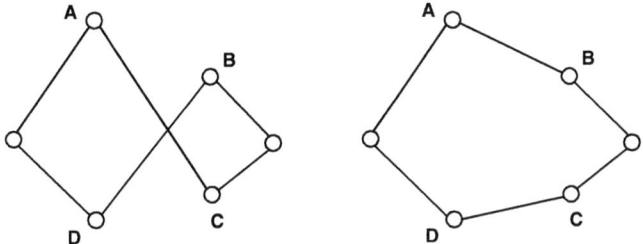

Abbildung 2.2. Die Inversions-Mutation vertauscht zwei zufällig ausgewählte Kanten zwischen je zwei Städten A, C und B, D. In diesem Beispiel resultiert der Verbindungstausch in einer kürzeren Tour.

gegeben ist. *Bit-Mutation* oder *Random Resetting* könnten ungültige Lösungen zur Folge haben, weil z.b. eine Stadt beim Problem des Handelsreisenden mehrfach vorkommen könnte. Ein Mutationsoperator für kombinatorische Repräsentationen, der die Gültigkeit der Lösung garantiert, ist die Inversions-Mutation. Sie invertiert einen zufällig ausgewählten Bereich des Lösungsstrings. Seien $p_1 = 2$ und $p_2 = 5$ zwei zufällige Punkte zwischen den Städten und sei

$$\pi = (A, B, C, D, E, F) \qquad (2.4)$$

eine Permutationen von Städten. Die Inversions-Mutation invertiert den Bereich hinter der zweiten und der fünften Stadt, so dass

$$\pi' = \text{INV}(\pi) = (A, B, E, D, C, F)$$

die neue Rundreise darstellt. Es werden also zwei Kanten zwischen je zwei Städten zufällig ausgewählt und vertauscht.

Auf diese Weise wird die Rundreise zwischen den beteiligten Städten der vertauschten Kanten umgekehrt durchlaufen. Abbildung 2.2 verdeutlicht die beschriebene Arbeitsweise der Inversions-Mutation. Dort führt die Vertauschung der zufällig ausgewählten Kanten zwischen je zwei Städten A, C und B, D zu einer kürzeren Rundreise.

2.2.3 Gauß-Mutation

In numerischen Suchräumen $\mathbb{R}^N$, bei denen die Lösungen als Vektoren reeller Werte repräsentiert sind, erfolgt die Mutation durch Addition reellwertiger Zufallswerte. Hier haben sich vor allem normalverteilte, d.h. auf der Gaußverteilung basierende Zufallswerte etabliert. Die dadurch benannte Gauß-Mutation wurde insbesondere bei den Evolutionsstrategien bekannt. Die Gauß-Funktion, auch als Normalverteilung bekannt, ist die häufigste Verteilung für in der Natur vorkommende Daten und kann viele durch natürliche Prozesse entstandene Daten erklären. Aufgrund ihrer Eigenschaften eignet sich die Normalverteilung auch hervorragend für die Lösungsvariation in numerischen Suchräumen.

Auf einen reellwertigen N-dimensionalen Lösungsvektor $\mathbf{x}$ wird ein auf der Gauß-Verteilung basierender Zufallswert $N(0, \sigma)$ mit Erwartungswert 0 und Standardabweichung σ addiert. Die Standardabweichung entspricht der Mutationsstärke, hier auch als Schrittweite bezeichnet. Die einfache Mutation mit nur einer Schrittweite addiert auf jede Komponente von $\mathbf{x}$ denselben Zufallsvektor $\mathbf{z}$:

$$\mathbf{x}' = \mathbf{x} + \mathbf{z}. \qquad (2.5)$$

Dabei kann σ konstant gewählt werden. Eine Konvergenz auf das Optimum wird aber erst durch einer Steuerung von σ

möglich. Denn je näher wir dem Optimum kommen, desto kleiner müssen die Schritte sein, die wir gehen. Die Schrittweitensteuerung erfolgt in der Regel selbstanpassend (siehe Abschnitt 2.5.3). Noch flexibler als mit nur einer Schrittweite ist die Gauß-Mutation mit N Schrittweiten, bei der für jede Komponente des Vektors ein eigener Zufallswert bestimmt wird. Dazu ist ein ganzer Vektor von Schrittweiten $\boldsymbol{\sigma} = (\sigma_1, \ldots, \sigma_N)$ nötig:

$$\mathbf{z} = (\sigma_1 \mathcal{N}_1(0,1), \ldots, \sigma_N \mathcal{N}_N(0,1)). \tag{2.6}$$

Die Funktion $\mathcal{N}(0,1)$ liefert eine Gauß-verteilte Zufallszahl mit Erwartungswert 0 und Standardabweichung 1. Durch diese Mutation wird abhängig von $\boldsymbol{\sigma}$ eine Stauchung oder Streckung des Mutationsraumes parallel zu den Koordinatenachsen möglich, man erhält ein achsenparalleles Mutationsellipsoid. Wie man diese Schrittweite sinnvoll einstellt und während der Evolution steuert, erfahren wir in Abschnitt 2.5.3. Eine weitere, sehr leistungsfähige Variante ist die Kovarianzmatrix-Adaptations-Evolutionsstrategie von Hansen und Ostermeier [22]. Der Ansatz basiert auf einer deterministischen Anpassung der Schrittweitenparameter der Gauß-Mutation. Der komplette Algorithmus wird ausführlich in einem Tutorium von Hansen [21] dargestellt.

2.3 Rekombination

In der Natur wird bei der Rekombination, die häufig auch *Crossover* genannt wird, das genetische Material zweier Eltern kombiniert. Genauso liegt bei evolutionären Algorithmen die Idee der Rekombination in der Kombination der Merkmale zweier Lösungen. Das entstandene Kind trägt Teile der Eigenschaften jedes Elternteils in sich. Einige Rekombinationsoperatoren sind auf die Beteiligung zweier Eltern beschränkt. Algorithmen ermöglichen die Verallgemeinerung auf mehr als zwei Eltern. Bei manchen evolutionären Varianten wird nicht in jeder Generation der Rekombinationsoperator angewendet, sondern mit einer Wahrscheinlichkeit p_r, die typischer Weise zwischen 0,5 und 1,0 liegt. Die Nützlichkeit der Rekombination wird im Rahmen der **Building Block Hypothese** von Goldberg [18, 26] und des **Genetic Repair Effektes** von Beyer [3] diskutiert. Die *Building Block*-Hypothese geht davon aus, dass sich gute Teil-Strings, die *Building Blocks*, von verschiedenen Eltern durch Rekombination kombinieren und im Laufe der Generationen vermehren. Diese guten Gene verteilen sich im Laufe der Generationen in der Population. Demgegenüber unterstellt der *Genetic Repair*-Effekt der Rekombination die Wirkung, dass sich nicht die unterschiedlichen Merkmale an die Nachkommen vererben, sondern die gemeinsamen. Die Nachkommen erhalten bei diesem Erklärungsmodell mit Sicherheit die Gene, die beide Eltern gemeinsam haben.

2.3.1 n-Punkt-*Crossover*

Die einfachste Weise, die Merkmale mehrerer Lösungen zu kombinieren, ist, die Repräsentation aufzuteilen und wechselseitig zusammenzusetzen. Genau das geschieht beim n-Punkt-*Crossover*. Nur zwei Eltern sind am 1-Punkt-*Crossover* beteiligt. Hierbei wird an einem zufälligen Punkt die Repräsentation, bei Bitrepräsentation der *Bitstring*, zweier aus der Population zufällig gleichverteilt gewählter Individuen aufgespalten und wechselseitig wieder zusammengesetzt (siehe Abbildung 2.3). Durch diese Vorgehensweise können nun zwei neuartige Nachkommen entstehen. Wichtig bei der Kombination der Fragmente ist, dass nur Individuen kreiert werden, die zulässige Lösungen kodieren. Dies ist nicht immer der Fall, wie etwa bei kombinatorischen Repräsentationen. Außerdem sollten sowohl

Repräsentation wie auch Rekombinationstyp ermöglichen, dass durch die Anwendung der Rekombination zu den Eltern strukturell ähnliche Nachkommen entstehen.

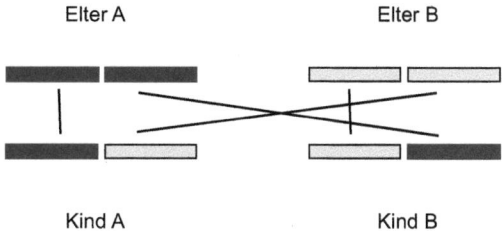

Abbildung 2.3. 1-Punkt-*Crossover* teilt mit einem zufälligen Kreuzungspunkt die Eltern in je zwei Teile, um durch deren wechselseitige Kombination zwei Nachkommen zu erzeugen.

Hierzu betrachten wir ein Beispiel. Gegeben seien zwei Eltern $\mathbf{e}^1 = (1, 3, 1, 2, 7)$ und $\mathbf{e}^2 = (6, 3, 2, 4, 5)$. Beim 1-Punkt-*Crossover* wird zufällig ein Kreuzungspunkt $p \in \{1, \ldots, l-1\}$ mit Länge l eines Individuums gewählt. Dieser Punkt entspricht einem Zwischenraum, der die Lösungsrepräsentation in zwei Hälften teilt. Mit $p = 3$ erhalten wir beispielsweise die zwei Nachkommen

$$\begin{aligned}\mathbf{n}^1 &= (1, 3, 1, 4, 5) \quad \text{und} \\ \mathbf{n}^2 &= (6, 3, 2, 2, 7).\end{aligned} \tag{2.7}$$

Eine Erweiterung stellt n-Punkt-*Crossover* dar. Dabei werden beide Eltern durch n zufällige Kreuzungspunkte segmentiert und ähnlich dem 1-Punkt-*Crossover* wechselseitig zusammengesetzt. Für zwei Kreuzungspunkte $p_1 = 2$ und $p_2 = 4$ ergäbe sich

$$\mathbf{n}^1 = (1,3,2,4,7) \quad \text{und} \atop \mathbf{n}^2 = (6,3,1,2,5).$$ (2.8)

1-Punkt-*Crossover* und n-Punkt-*Crossover* sind nicht für jeden Repräsentationstyp verwendbar, da durch den wechselseitigen Tausch das Mehrfachvorkommen von Elementen möglich wird. Dies muss bei vielen kombinatorischen Problemen vermieden werden. Operatoren wie *Partially Mapped Crossover* (siehe Abschnitt 2.3.4) ermöglichen die Rekombination ohne Mehrfachvorkommen.

2.3.2 Dominante Rekombination

Bei der dominanten Rekombination[3] entsteht ein neuer Nachkomme durch zufällige Kombination der Einzelgene seiner Eltern. Man betrachte Eltern-Vektoren der Form $\mathbf{e} = (e_1, \ldots e_l)$. Im Falle der dominanten Rekombination mit ρ Eltern $\mathbf{e}^1, \ldots, \mathbf{e}^\rho$ können wir den Nachkommen-Vektor $\mathbf{n} = (n_1, \ldots, n_l)$ erzeugen, indem wir für dessen i-te Komponente n_i zufällig die i-te Komponente eines der ρ Eltern wählen.

$$n_i = e_i^k, \quad k \in \text{random}\{1, \ldots, \rho\}. \quad (2.9)$$

Wir betrachten ein Beispiel. Für $\rho = 2$ mit den Eltern $\mathbf{e}^1 = (3,2,4)$, $\mathbf{e}^2 = (7,2,6)$ gibt es 2^3 mögliche Nachkommen. Ein möglicher Nachkomme wäre $\mathbf{n} = (3,2,6)$. Es gibt stets 2^l mögliche Nachkommen bei der dominanten Rekombination.

2.3.3 Intermediäre Rekombination

Die intermediäre Rekombination[4] eignet sich für Integer- und Fließkommarepräsentationen. Bei der intermediären Rekombi-

---
[3] auch bekannt als diskrete oder uniforme Rekombination
[4] auch bekannt als arithmetische Rekombination

nation mit ρ Eltern $\mathbf{e}^1, \ldots, \mathbf{e}^\rho$ ergibt sich der Nachkommenvektor $\mathbf{n}$ durch das arithmetische Mittel der Komponenten aller ρ Eltern. Die Merkmale des Nachkommen liegen also zwischen denen seiner Eltern:

$$n_i = \frac{1}{\rho} \sum_{k=1}^{\rho} e_i^k. \qquad (2.10)$$

Der Operator bildet den arithmetischen Mittelwert der Werte, die an den entsprechenden Genorten i stehen. Diese Mittelwerte können auch gewichtet sein. Für zwei Eltern $\mathbf{e}^1$ und $\mathbf{e}^2$:

$$n_i = \alpha \cdot e_i^1 + (1 - \alpha) \cdot e_i^2, \qquad (2.11)$$

mit einer zufälligen Wahl $0 \leq \alpha \leq 1$. Betrachten wir wieder ein Beispiel. Die Eltern $\mathbf{e}^1 = (3, 2, 4)$ und $\mathbf{e}^2 = (7, 2, 6)$ erzeugen durch intermediäre Rekombination mit $\alpha = 0{,}5$ den Nachkommen $\mathbf{n} = (5, 2, 5)$. Nach der intermediären Rekombination müssen bei Integerrepräsentation die Nachkommen gerundet werden.

2.3.4 PMX — Partially Mapped Crossover

Ein bekannter Rekombinationsoperator für Permutationsrepräsentationen ist *Partially Mapped Crossover* (PMX). Das Besondere an Operatoren für kombinatorische Probleme wie für das Problem des Handelsreisenden ist die Garantie der Gültigkeit einer Lösung. Der PMX-Operator von Goldberg und Lingle [17] garantiert die Gültigkeit des Nachkommens. PMX arbeitet wie folgt:

1. Bestimme zufällig zwei Eltern $\mathbf{e}^1$ und $\mathbf{e}^2$. Wir betrachten in einem Beispiel $\mathbf{e}^1 = (A, B, C, D, E, F)$ und $\mathbf{e}^2 = (B, C, A, D, E, F)$.

2. Wähle zwei Kreuzungspunkte p_1 und p_2, z.B. $p_1 = 2$ und $p_2 = 4$.
3. Kopiere das Segment zwischen p_1 und p_2 von e^1 in den Nachkommen **n**, also $\mathbf{n} = (..,..,C,D,..,..)$.
4. Kopiere nun alle Gene aus e^2 im selben Segment, die noch nicht kopiert wurden, in die Menge $\mathcal{L}$, in unserem Beispiel $\mathcal{L} = \{A\}$.
5. Ermittle für jedes Element l aus $\mathcal{L}$ den entsprechenden Ort in Elter e^1 und kopiere l an diese Position sofern frei. Sollte die Stelle nicht frei sein, wiederhole rekursiv den Prozess bis eine freie Stelle gefunden ist. In unserem Beispiel ist die Position für A an der 3. Stelle durch das C besetzt. Somit kann das A an die Stelle des Cs, also die 2. Stelle, die frei ist. Es ergibt sich $\mathbf{n} = (..,A,C,D,..,..)$.
6. Fülle die leeren Orte mit Genen aus den entsprechenden Genstellen von e^2. Wir erhalten mit Hilfe von Elter e^2 den Nachkommen $\mathbf{n} = (B,A,C,D,E,F)$.

Mit den Schritten vier bis sechs garantiert PMX, dass der Nachkomme in seinem String kein Element mehrfach enthält.

2.4 Selektion

Der Selektion kommt als Gegenspieler der Variationsoperatoren Mutation und Rekombination ein großer Stellenwert zu, da erst sie dem Optimierungsprozess eine Richtung verleiht. Basierend auf ihrer Fitness wird ein Teil der Population ausgewählt, die übrigen Individuen werden verworfen. Bei evolutionären Verfahren kann die Selektion ähnlich dem biologischen Vorbild an zwei Stellen zum Einsatz kommen. Die **Selektion zur Paarung** wählt die an der Rekombination beteiligten Individuen aus. In der Natur spielen die Attraktivität des Sexualpartners und kulturelle Einflüsse eine entscheidende Rolle. Währenddessen bestimmt die **Überlebensselektion** ganz im darwinistischen Sinne, welche Individuen überleben und in die nächste Generation übernommen werden. Zwar ist die Aufgabe der Selektion, die besten Lösungen zu erhalten. Jedoch führt die ausschließliche Konzentration auf die Besten dazu, dass lokale Optima nicht mehr verlassen werden können. Bei einer geringen Wahrscheinlichkeit für das Überleben relativ schlechter Lösungen spricht man von einem hohen **Selektionsdruck**.

2.4.1 Plus- und Komma-Selektion

Gehen wir davon aus, dass die Besten einer Population ausgewählt werden sollen. Dies lässt sich am einfachsten mit Hilfe der Plus- und der Komma-Selektion realisieren. Die Individuen werden bezüglich ihrer Fitness sortiert und dann werden die μ besten von ihnen ausgewählt. Bei der Plus-Selektion erfolgt hierbei die Auswahl aus der gemeinsamen Menge der aktuellen Nachkommenpopulation und deren Elternpopulation. Einen evolutionären Algorithmus mit Plus-Selektion kürzt man ab mit $(\mu + \lambda)$-EA. Im Gegensatz zur Plus-Selektion erfolgt bei der Komma-Selektion, kurz (μ, λ)-EA, die Auswahl der Eltern für die neue Generation ausschließlich aus der Nachkommenpopulation, d.h. unter Missachtung der Elternpopulation. Auch wenn sie eine bessere Fitness aufweisen, werden die Eltern vergessen. Gute Lösungen zu vergessen, erscheint auf dem ersten Blick ein Nachteil zu sein. Gute Lösungen können jedoch auch verhindern, dass der Suchprozess lokale Optima verlässt, um noch bessere Lösungen zu finden.

Eine Zwischenform der Komma- und der Plus-Selektion stellt die $(\mu, \kappa, \lambda, \rho)$-Evolutionsstrategie dar. Der zusätzliche Parameter κ bestimmt, über wie viele Generationen hinweg ein Individuum höchstens überleben darf. Dabei dürfen nur die Eltern selektiert werden, die die maximale Generationenzahl κ nicht überschritten haben. Für jedes Individuum muss also ein

Zähler zur Verfügung stehen, der bei 0 beginnend in jeder Generation inkrementiert wird. Parameter ρ gibt wieder die Anzahl der an der Rekombination beteiligten Eltern an.

2.4.2 Fitnessproportionale Selektion

Die besten Lösungen sollten wir mit der höchsten Wahrscheinlichkeit auswählen, schlechte Lösungen jedoch mit einer entsprechend geringen Wahrscheinlichkeit. Ganz intuitiv können wir dieses Ziel erreichen, indem wir die Auswahlwahrscheinlichkeit an die Fitness koppeln. Bei der fitnessproportionalen Selektion wird jedem Individuum $\mathbf{x}$ eine zu seiner Fitness $f(\mathbf{x})$ proportionale Wahrscheinlichkeit zugeordnet:

$$p(\mathbf{x}) = \frac{f(\mathbf{x})}{\sum_{\mathbf{y} \in \mathcal{P}} f(\mathbf{y})}. \tag{2.12}$$

Die Auswahl der Individuen erfolgt auf Basis dieser zugeordneten Wahrscheinlichkeiten, die sich zu eins summieren. Mit geringerer, aber positiver Wahrscheinlichkeit ist nun auch die Selektion schlechterer Individuen möglich. Dieselben Individuen können im übrigen mehrfach selektiert werden.

2.4.3 Turnierselektion

Eine weitere Selektionsvariante zur Vermeidung der Dominanz der Besten ist die Turnierselektion. Dabei werden aus der Population von Individuen mit gleicher Wahrscheinlichkeit ξ Individuen gezogen. Diese ξ Individuen treten gewissermaßen in einem Wettkampf gegeneinander an, bei dem ein oder mehrere Individuen als Gewinner selektiert werden. Das stochastische Ziehen erfolgt mit Zurücklegen, was ein mehrfaches Vorkommen eines Individuums ermöglicht. Ausgewählt wird der Turniersieger mit der besten Fitness. Aufgrund der zufälligen Vorauswahl wird auch schwächeren Individuen ermöglicht zu überleben.

Beispiel: Evolutionäre Laufrobotik mit Genetischer Programmierung

In der Robotikforschung kommen eine Vielzahl von Fortbewegungsarten zum Einsatz. So werden schwimmende, fliegende oder sogar in der Schwerelosigkeit schwebende Roboter entwickelt. Kennzeichen von Laufrobotern sind ihre Mobilität und Bodengebundenheit. Sie dürfen dabei definitionsgemäß keine Räder, keinen Kettenantrieb oder ähnliche rotierende Mechanismen zur Fortbewegung aufweisen. Durch die großen Unterschiede der verschiedenen Architekturen ist ein universelles Programm zur Steuerung unmöglich. Jede Architektur benötigt ihre individuelle Steuerung. Ziegler *et al.* [58] haben an der Universität Dortmund genetische Programmierung eingesetzt, um Laufprogramme für den zweibeinigen Roboter Zorc und den Roboterhund AIBO zu evolvieren.

Ihre Laufprogramme sind als lineare Programme in Maschinensprache repräsentiert. Dabei kommen arithmetische Befehle wie ADD, SUB, DIV, MUL und MOD zum Einsatz sowie die Registeroperationen COPY und LOAD. Weitere Befehle zur Steuerung des Programmablaufs stehen zur Verfügung. Zur eigentlichen Kommunikation mit dem Laufroboter werden die Operationen MOVE zum Festlegen der Drehmomente der Gelenkwinkel sowie SENSE zum Auslesen der aktuellen Gelenkwinkelpositionen verwendet. Der Wahl einer geeigneten Fitnessfunktion kommt bei evolutionären Algorithmen ein überaus bedeutsamer Stellenwert zu, weil die Fitnessfunktion die Richtung der evolutionären Suche bestimmt. Während für einen menschlichen Beobachter die Qualität des Laufstils einfach und intuitiv bewertbar ist, lässt sich dieses Qualitätsmaß nur schwer formalisieren. Relativ einfach hingegen gestaltet sich die Bewertung über die erzielte Geschwindigkeit. Ziegler hat die Fitnessfunktion mit Hilfe der in einer vorgegebenen Zeit zurückgelegten Strecke wie folgt definiert:

$$f = \frac{s}{t_e - t_0} \quad \text{mit} \quad s = |p(t_e) - p(t_0)|. \tag{2.13}$$

Dabei sei $p(t)$ die Position des Laufroboters zum Zeitpunkt t, t_0 der Startzeitpunkt und t_e der Endzeitpunkt. Diese Modellierung der Fitnessfunktion hat allerdings zur Folge, dass Laufprogramme entstehen, bei denen der Roboter sich zu Anfang auf den Boden wirft, um mit einem Großteil seiner Körperoberfläche auf dem Boden aufliegend seine Fortbewegung durch Robben zu erreichen. Dieses unerwünschte Verhalten konnte durch eine Modifikation der Fitnessfunktion behoben werden. Statt nur die zurückgelegte Strecke zu berücksichtigen, wird eine Mindesthöhe für den Körper des Laufroboters gefordert. Erst die Berücksichtigung dieser Mindesthöhe führt zu einem intuitiv vertrauten Laufstil, bei dem nur die Fußaufsetzpunkte den Boden berühren.

Die experimentellen Ergebnisse lassen sich folgendermaßen zusammenfassen: Für jedes Laufmodell konnte ein funktionierendes Laufprogramm erzeugt werden. Bezüglich der Parametereinstellungen hat sich gezeigt, dass eine hohe Mutationswahrscheinlichkeit eine geringere durchschnittliche Performanz zur Folge hat, jedoch andererseits eine geringere Streuung der Qualität der Lösungen in verschiedenen Experimenten bewirkt. Mit einem geringeren Befehlssatz (ADD, COPY, SENSE und MOVE) war zwar eine Roboterbewegung möglich, die erreichte Geschwindigkeit lag jedoch signifikant unter der Geschwindigkeit mit erweitertem Befehlssatz, da die Registerinhalte für die Stellwinkel mit dem reduzierten Befehlssatz nur langsam modifiziert werden können. Mittlerweile wurde für eine Vielzahl von praktischen Anwendungsfällen gezeigt, dass evolutionäre Verfahren in der Lage sind, zufriedenstellende bis überragende Lösungen zu erzeugen. Die Interpretation der Ergebnisse zeigt an vielen Stellen, dass die evolvierten Lösungen überraschend sind und sich von analytischen Lösungen oftmals stark unterscheiden.

2.5 Parametersteuerung

Die Parameter evolutionärer Algorithmen wie Mutationsrate und Populationsgröße haben einen erheblichen Einfluss auf Effizienz und die Qualität der Resultate. Wie sie einzustellen sind, ist jedoch stark problemabhängig und allgemeine Regeln sind nur schwer anzugeben. Verfahren zur Parametersteuerung sind notwendig, um die Parameterwahl zu automatisieren. Grundsätzlich kann unterschieden werden zwischen **exogenen** Parametern, die globale Eigenschaften des Algorithmus betreffen wie Populationsgrößen und **endogenen** Parametern wie Mutationsraten, die jedem Individuum zur Verfügung stehen. Im Folgenden lernen wir eine Taxonomie von Parametersteuerungsverfahren kennen.

2.5.1 Einstellung vor dem Lauf

Parameter, die vor dem Lauf des evolutionären Algorithmus festgelegt werden, ohne während des Laufs einer Änderung zu unterliegen, heißen statisch. Wie hoch soll die Mutationsrate eingestellt werden, welche Populationsgröße garantiert den schnellsten Fortschritt? Derartige Fragen sind häufig problemabhängig und werden am besten durch einen Experten beantwortet. Steht jedoch kein solches Expertenwissen zur Verfügung, kann durch mehrfaches Ausführen des Algorithmus unter verschiedenen Parametrisierungen versucht werden, *von Hand* gute Einstellungen zu finden. Diese Einstellung der Parameter vor dem Lauf der Algorithmen kann auch mit Hilfe statistischer Verfahren unterstützt werden. Verfahren wie *Sequential Parameter Optimization* sind Beispiele für statistisch unterstützte Parametereinstellungs-Verfahren. Diese führen eine statistisch gestützte Optimierung im Raum möglicher Parameter durch. Ausführliche Informationen zur statistisch unterstützten Parametereinstellung sind u.a. zu finden in den Arbeiten von Bartz-Beielstein [2], sowie von Nannen und Eiben [40].

2.5.2 Steuerung während des Laufs

Dass die automatische Parameteranpassung Sinn macht, ist intuitiv am Beispiel der Mutationsrate ersichtlich. Starke Veränderungen ermöglichen zu Beginn der Suche, auf vielfältige Weise herumzuprobieren und damit große Schritte bei der Suche zu gehen. Wurden jedoch bereits gute Lösungen gefunden, wirken sich starke Veränderungen zerstörerisch aus und nur kleine Mutationen führen Verbesserungen herbei. Die einfachste Möglichkeit besteht darin, die Parameter abhängig von der Generationenzahl anzupassen. In diesem Zusammenhang spricht man von deterministischer Parametersteuerung. Ein Beispiel hierfür ist die dynamische Steuerung der Schrittweite σ:

$$\sigma(t) = 1 - 0{,}9 \cdot \frac{t}{T}, \qquad (2.14)$$

mit der aktuellen Generationenzahl $t \leq T$ und der maximalen Generationenzahl T. Eine hohe Schrittweite zu Anfang ermöglicht, mit großen Schritten den Lösungsraum zu durchsuchen. Im weiteren Verlauf ist für eine Approximierung des Optimums eine Reduzierung der Schrittweite nötig. Ab welcher Iteration von der Explorationsphase in die Phase der Approximierung gewechselt werden muss, ist problemabhängig und wird durch die Modellierung der deterministischen Funktion bestimmt.

Bei der adaptiven Parametersteuerung sorgen adaptive vom Benutzer definierte Regeln für eine geeignete Einstellung der Parameter. Ein Beispiel für adaptive Parametersteuerung ist die 1/5-Erfolgsregel von Rechenberg [41] zur Steuerung der Schrittweiten. Sie basiert auf einer Schätzung der Erfolgswahrscheinlichkeit, d.h. dem Verhältnis aus erfolgreichen Mutationen zu allen Mutationen:

1. Führe die (1+1)-Evolutionsstrategie für G Generationen aus.
   - Halte σ während dieser Periode konstant,
   - zähle die Anzahl G_s erfolgreicher Mutationen während dieser Periode.

2. Schätze Erfolgswahrscheinlichkeit P_s durch
$$P_s = G_s/G.$$

3. Ändere σ nach
$$\sigma = \begin{cases} \sigma/a, & \text{if } P_s > 1/5 \\ \sigma \cdot a, & \text{if } P_s < 1/5 \\ \sigma, & \text{if } P_s = 1/5. \end{cases}$$

4. Gehe zu Schritt 1.

Dabei gelte $a < 1$. Eine Vergrößerung der Schrittweite bei einer größeren Erfolgswahrscheinlichkeit als 1/5 ist sinnvoll, weil bei Erfolg offenbar eine Beschleunigung der Suche möglich ist, während umgekehrt bei einer zu geringen Anzahl erfolgreicher Mutationen eher im nahen Umfeld des Individuums gesucht werden sollte.

2.5.3 Selbstadaptation

Inwieweit ist es möglich, dass ein evolutionäres Verfahren seine Parameter automatisch anpasst? Dieses Ziel verfolgt die selbstadaptive Parametersteuerung und basiert darauf, dass die Parameter selber an der Evolution teilnehmen. Sie werden genauso

38   2 Evolutionäre Algorithmen

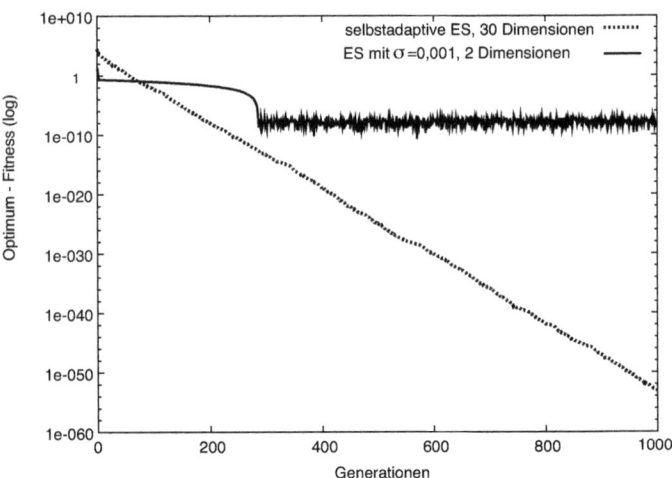

Abbildung 2.4. Typische Verläufe von Evolutionsstrategie-Varianten mit konstanter Mutationsstärke $\sigma = 0{,}001$ auf der 2-dimensionalen Kugelfunktion $f(\mathbf{x}) = \mathbf{x}^T\mathbf{x}$ und selbstadaptiver Schrittweite auf der 30-dimensionalen Kugelfunktion. Die Approximationsfähigkeiten der selbstadaptiven Evolutionsstrategie übertrifft die Fähigkeiten der anderen Variante, die im Bereich ihrer Schrittweite σ stagniert.

wie die Lösung rekombiniert, mutiert und gebunden an die Individuen selektiert. Auf diese Weise setzen sich sinnvolle Parameter im Laufe des Optimierungsprozesses durch, bzw. passen sich den Eigenschaften der Fitnesslandschaft an. Das Grundprinzip Selbstanpassung ist dabei das folgende: Sinnvolle evolvierte Parametereinstellungen haben in jüngster Vergangenheit für eine hohe Fitness gesorgt und sollten somit in der nächsten Generation zur Generierung hochwertiger Lösungen herangezogen werden. Sie vererben sich automatisch mit dem Rest des die Lösung kodierenden Chromosoms an die Nachkommen weiter. Ein typisches wie erfolgreiches Beispiel für den Einsatz von Selbstadaptation ist die Schrittweitensteuerung von σ bei Evolutionsstrategien. Bei der selbstadaptiven Steuerung der Schrittweite muss σ ebenfalls mutiert werden. Die Anzahl der Strategieparameter entspricht der Dimension des Problemraumes N. Der Strategieparametervektor σ wird mit folgender Regel mutiert:

$$\boldsymbol{\sigma}' = \exp(\tau_0 \mathcal{N}_0(0,1)) \cdot (\sigma_1 \exp(\tau \mathcal{N}_1(0,1)), \\ \ldots, \sigma_N \exp(\tau \mathcal{N}_N(0,1))) \quad (2.15)$$

mit den Lernparametern τ_0 und τ_1. Abbildung 2.4 zeigt, wie erfolgreich eine Evolutionsstrategie mit Selbstadaptation im Vergleich zu einer Evolutionsstrategie mit konstanter Schrittweite sein kann. Der Einsatz von Selbstadaptation ist aber keineswegs auf die Schrittweiten von Evolutionsstrategien beschränkt. Auch für kombinatorische Probleme können wir selbstadaptive Mutation einführen. Wenn wir die Anzahl der Ausführungen k der Inversions-Mutation als Mutationsstärke auffassen, können wir diesen Parameter k ebenfalls selbstadaptiv einstellen. Hierzu müssen wir k allerdings mutieren:

$$k' = k + \gamma \cdot \text{round} \left(\mathcal{N}(0,1) \right). \quad (2.16)$$

Experimente auf dem Problem des Handelsreisenden zeigen, dass die Mutationsstärke zu Anfang ansteigt, um dann im Laufe der Generationen immer weiter zu fallen. Denn die Wahrscheinlichkeit für erfolgreiche Mutationen sinkt bei der Approximation der optimalen Tour. Eine mehrfache Ausführung der Inversions-Mutation zerstört die Lösung bis schließlich nur eine Mutation pro Individuum den höchsten Erfolg garantiert. Eine vertiefte Einführung in Selbstadaptation und die Vorstellung weiterer selbstadaptiver Parameter liefert Kramer [35].

Literaturempfehlung

BANZHAF, W.; NORDIN, P.; KELLER, R.: Genetic Programming, An Introduction. Automatic Evolution of Computer Programs and Its Applications. In: *dpunkt-Verlag* 1, 2002, [1].

EIBEN, A. E.; SMITH, J. E.: *Introduction to Evolutionary Computing*. Springer, 2003, [14].

KRAMER, O.: *Self-Adaptive Heuristics for Evolutionary Computation*. Berlin, Springer, 2008, [35].

RUTKOWSKI, L.: *Computational Intelligence.* Springer, 2008, [48].

3
Schwarmintelligenz

In der Natur existieren erfolgreiche Systeme, in denen sich viele vergleichsweise primitive Lebewesen zu einer Gruppe zusammenschließen, um gemeinsam zielgerecht zu handeln. Diese Form kollektiven und koordinierten Handelns bezeichnen wir als Schwarmintelligenz. Der Nachteil der einfachen Fähigkeiten ihrer Schwarmteilnehmer wird durch ihre große Anzahl und die dadurch erreichte massive Parallelität ausgeglichen. Auf emergente Weise wird für das Gesamtsystem zielgerichtetes Handeln ermöglicht. Die Umwelt wird dabei gewissermaßen als externes Gedächtnis benutzt. In diesem Kapitel werden wir die Konzepte kennen lernen, auf denen Schwarmintelligenz beruht.

3.1 Schwarmkonzept

Schwärme bestehen aus einer großen Anzahl meist einfacher Einheiten, die miteinander kooperieren, um zielgerichtet zu handeln. Ob eine große Anzahl einfacher Einheiten in der Lage ist, besser Probleme zu lösen als eine kleine Anzahl komplexer Systeme ist mit Sicherheit nicht allgemein beantwortbar.

Jedoch zeigt sich bei natürlichen wie auch bei künstlichen Schwärmen, dass die zugrunde liegenden Konzepte erfolgreiche Problemlösungsmechanismen darstellen. Ein berühmtes Beispiel für die Intelligenz von Schwärmen ist das zielvolle Handeln von Ameisenkolonien. Ameisen sind relativ primitive Lebewesen, die über Pheromone als Orts- und Zeit-Markierungen kommunizieren. Hier wird die Umwelt über die Pheromonspuren als Gedächtnis verwendet. Sie sind zu erstaunlichen Leistungen fähig, etwa zum Bau einiger Meter großer Termitenbauten. Ein Schwarm besteht aus Individuen, bei der Partikelschwarmoptimierung auch Partikel und bei den Ameisenalgorithmen Ameisen genannt. Der Begriff Agent trifft eher auf Systeme zu, die über komplexere Struktur und Fähigkeiten verfügen, um ihr Ziel mit einem höheren Grad an Intelligenz und Planungsfähigkeit zu erreichen.

Die beiden fundamentalen Konzepte der Schwarmintelligenz sind Stigmergie und Emergenz. Mit **Stigmergie** wird das Prinzip bezeichnet, dass die Individuen eines Schwarms über ihre Umwelt miteinander kommunizieren [8]. Ameisen beispielsweise tauschen Informationen aus, indem sie Spuren aus Pheromonen hinterlassen. Diese können von anderen Individuen wahrgenommen werden und verändern deren Verhalten. Abschnitt 3.4 greift dieses Konzept noch einmal auf und stellt die durch diese Beobachtungen inspirierten Ameisenalgorithmen vor. Mit **Emergenz** wird das Phänomen bezeichnet, dass die Individuen eines Schwarms aufgrund des Zusammenspiels ihrer Fähigkeiten ein insgesamt intelligentes Verhalten vollbringen. Dabei übersteigen die Eigenschaften und Fähigkeiten des Gesamtsystems die bloße Summe der Fähigkeiten der Einzelindividuen bei weitem. Das Ganze ist mehr als die Summe seiner Teile.

3.2 Schwarmbildung

Natürliche Schwärme wie Vogel-, Insekten- oder Fischschwärme zeigen ein interessantes emergentes Bewegungsverhalten, beispielsweise bei der Flucht vor Raubtieren. Das einzelne Individuum spielt dabei nur eine untergeordnete Rolle. Es passt seine Bewegungen nach einfachen Regeln an, die hauptsächlich von unmittelbaren Nachbarn abhängen. Die auf diese Weise entstehenden emergenten Bewegungsmuster sind beispielsweise für die Pfadplanung einer großen Anzahl animierter Figuren nutzbar. Im nächsten Abschnitt 3.3 werden wir ein Optimierungsverfahren kennen lernen, das ähnliche Mechanismen zur Optimierung einsetzt. Des Weiteren kann mit Schwarmbildung die emergente Entwicklung der Verhaltenssteuerung einer großen Menge von Individuen simuliert werden, die sich hauptsächlich an ihrer Umgebung orientieren. Dazu zählen ökonomische Einheiten bei der Marktanalyse genauso wie die Entwicklung von kulturellen Informationen, auch Meme genannt. Schwarmbildung wurde zuallererst 1987 von Craig Reynolds [42] simuliert. Drei maßgebliche Prinzipien hat er dabei identifiziert:

- Zusammenhalt: Jeder Partikel orientiert sich an der Position seiner Nachbarn.
- Ausrichtung: Jeder Partikel bewegt sich ähnlich der Bewegungsrichtung seiner Nachbarn.
- Trennung: Jeder Partikel vermeidet Kollisionen mit seinen Nachbarn.

Allein mit Hilfe dieser Regeln ist eine sehr realistische Simulation von Schwarmbewegungen möglich. Wir betrachten ein Beispiel für einfache Bewegungsgleichungen eines Partikels $\mathbf{p}_i = (\mathbf{x}_i, \mathbf{v}_i)$ mit Position $\mathbf{x}_i$ und Geschwindigkeit $\mathbf{v}_i$:

$$\mathbf{x}'_i = \mathbf{x}_i + \mathbf{v}_i. \tag{3.1}$$

Die Aktualisierung der Geschwindigkeitsinformation erfolgt nach der Anweisung:

$$\mathbf{v}'_i = \mathbf{v}_i + \sum_{j=1}^{k} a_{ij}(\mathbf{v}_j - \mathbf{v}_i) \qquad (3.2)$$

Dabei definieren die Faktoren a_{ij} den Einfluss der anderen k Partikel $\mathbf{p}_j$ auf die eigene Geschwindigkeit. Dieser Einfluss kann durch Nachbarschaften definiert werden, d.h. nur die Partikel innerhalb eines Radius r haben Einfluss auf den Geschwindigkeitsvektor $\mathbf{v}$. Die Komplexität des Verfahrens kann von $O(n^2)$ auf linear reduziert werden, indem der Raum in Blöcke eingeteilt wird und somit nicht mehr jeder Partikel mit jedem anderen im Raum verknüpft werden muss, sondern nur noch mit denen aus seiner Nachbarschaft. Im folgenden Abschnitt werden wir u.a. ein System zur Schwarmbildung kennen lernen, das emergentes Verhalten eines Systems zur Simulation künstlichen Lebens simuliert. Danach werden wir die Partikelschwarmoptimierung kennen lernen, die der Schwarmbildung ähnliche Mechanismen verwendet.

Beispiel: Simulation künstlichen Lebens

Lee Spector *et al.* [53] haben mit *Swarm Evolve* ein System zur Simulation künstlichen Lebens[1] kreiert, um die Emergenz des Verhaltens fliegender Agenten-Schwärme zu analysieren. Basierend auf einer 3-dimensionalen Simulationsumgebung wurden zwei Systeme unterschiedlicher Komplexität konstruiert. In ihrem ersten System Swarm Evolve 1.0 wurde der Schwarm

---

[1] im Englischen auch bekannt als *Artificial Life*

von Agenten mit Hilfe von Schwarmbildungs-Gleichungen realisiert, die den Gleichungen von Craig Reynolds ähneln (siehe Abschnitt 3.2). Das Bewegungsverhalten basiert hauptsächlich auf der den Richtungsvektor definierenden Gleichung:

$$\mathbf{v} = \sum_{i=1}^{7} c_i \mathbf{v}_i. \qquad (3.3)$$

Dabei zeigt $\mathbf{v}_1$ weg von Nachbarn innerhalb eines begrenzten Radius, $\mathbf{v}_2$ zeigt zum Mittelpunkt der Welt, $\mathbf{v}_3$ ist der Durchschnittsvektor der Nachbarn, $\mathbf{v}_4$ zeigt in Richtung des Schwerpunktes aller Agenten, während $\mathbf{v}_5$ ein Zufallsvektor ist. Jeder Agent wird einer Spezies zugeordnet. Der Vektor $\mathbf{v}_6$ zeigt weg von den Nachbarn einer anderen Spezies. Energiequellen ernähren die Agenten. Vektor $\mathbf{v}_7$ zeigt zur nächsten Energiequelle, die den Agenten versorgt. Mangelnde Energie führt zum Tod und in jedem Zeitschritt verbrauchen die Agenten einen Teil ihrer Ressourcen. Weiterhin verlieren die Agenten an Energie, wenn sie mit anderen Agenten kollidieren oder sich in einer Nachbarschaft aufhalten, die von einer anderen Spezies dominiert wird. Die Parameter des Systems, wie z.B. die Energiekosten für die beschriebenen Ereignisse, können frei gewählt werden. Das Grundprinzip des Systems ist nun, dass die Faktoren $c_1, \ldots, c_7$ evolutionär optimiert werden. Jeder Agent bewegt sich in der Welt, gesteuert durch Gleichung 3.3, die insbesondere durch die Parametrisierung der Faktoren c_i bestimmt wird. Sinkt die Energie eines Agenten auf Null, stirbt dieser und wird wieder geboren mit dem Genotypen des besten Individuums seiner Spezies. Die Qualität der Individuen errechnet sich aus dem Produkt ihrer Energie und ihres Lebensalters.

Tatsächlich konnte schon bei diesem recht einfachen System emergentes Verhalten beobachtet werden. Die meisten Spezies bildeten im Laufe der Zeit wolkenartige, um Energiequellen formierte Ansammlungen. In diesen Schwärmen sind ein paar

Individuen ununterbrochen damit beschäftigt, sich zu ernähren, während die anderen eine äquidistante Sphäre um das Zentrum bilden. Mit dieser Sphäre verhindern sie das Eindringen von Individuen anderer Spezies, sterben jedoch nach einiger Zeit aus Futtermangel. Tatsächlich sind aber die Individuen an der Energiequelle nicht nur relativ alt, sie besitzen auch eine hohe Energie und dienen durch ihre vergleichsweise hohe Fitness den anderen Individuen als genetische Quelle. Spector und seine Mitarbeiter interpretieren das Verhalten als Ermergenz höherer Stufe, ähnlich der Entwicklung eines multizellulären Organismus, dessen äußere Organe die inneren schützen. Bei einer Weiterentwicklung des Systems mit dem Namen Swarm Evolve 2.0 werden die Agenten durch Programme gesteuert, die mit Hilfe genetischer Programmierung evolviert werden (siehe Kapitel 2). Auch dabei zeigen sich interessante emergente Eigenschaften des Systems.

Auch wenn die Simulationen künstlichen Lebens nicht in jedem Fall ingenieurwissenschaftlichen Anwendungsbezug haben, sind die Ergebnisse insbesondere im Hinblick auf ihre Interpretation vor biologischem Hintergrund bemerkenswert. Zwar können derartige Experimente − zumindest soweit ihre Ergebnisse als stabil und gesichert gelten − allenfalls den Stellenwert von Indizien für oder gegen Hypothesen über Emergenz einnehmen. Dennoch stellen sie einen interessanten Schnittpunkt zwischen künstlicher Intelligenz, Sozionik und Biologie dar.

3.3 Partikelschwarmoptimierung

Kennedy und Eberhart [29] haben 1995 einen Algorithmus vorgeschlagen, der in Anlehnung an das Bewegungsverhalten natürlicher Schwärme als **Partikelschwarmoptimierung** bezeichnet wird. Im Folgenden werden wir den Partikelschwarm-

Algorithmus für numerische Problemräume kennen lernen, später auch die diskrete Variante.

3.3.1 Kontinuierlich

Bei der Partikelschwarmoptimierung handelt es sich um eine Optimierheuristik für numerische Suchräume, in der potenzielle Lösungen als Schwarm von Partikeln aufgefasst werden. Wir stellen uns nun vor, dass sich diese Partikel fliegend im Suchraum bewegen. Jeder Partikel verfügt über eine Position $\mathbf{x}$ und eine Geschwindigkeit $\mathbf{v}$. In jedem Iterationsschritt wird die Partikelposition $\mathbf{x}'$ berechnet, indem die Geschwindigkeit $\mathbf{v}'$ zur alten Partikelposition $\mathbf{x}$ addiert wird:

$$\mathbf{x}' = \mathbf{x} + \mathbf{v}'. \tag{3.4}$$

Der Kern des Verfahrens liegt nun in der Anpassung der Partikel-Geschwindigkeit $\mathbf{v}$. Die Idee ist dabei, dass sich die Geschwindigkeitsänderung zum einen aus Informationen, die der Partikel im Laufe seiner eigenen Geschichte erworben hat, ergibt, zum anderen aus gesammelten Informationen des Gesamtschwarms. Diese Historie-Information besteht aus der Position $\mathbf{p}^b$, an der der Partikel im Laufe seines Lebens die beste Fitness im Suchraum entdeckt hat, sowie der Position $\mathbf{p}^g$, an der die global beste Fitness des Schwarms, bzw. einer definierten Nachbarschaft, im bisherigen Optimierungsprozess entdeckt wurde, d.h. aller Partikel im Laufe aller Iterationsschritte. Die beiden Differenzen zwischen diesen Positionswerten und der letzten Position $\mathbf{x}$ des Partikels werden zur Geschwindigkeitsänderung hinzu addiert:

$$\mathbf{v}' = \mathbf{v} + c_1 r_1 (\mathbf{p}^b - \mathbf{x}) + c_2 r_2 (\mathbf{p}^g - \mathbf{x}). \tag{3.5}$$

Die Gewichte c_1 und c_2 heißen Beschleunigungskoeffizienten und beschreiben die Tendenz des Partikels, sich individuell eher

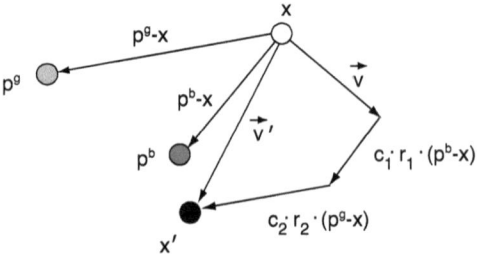

Abbildung 3.1. Aktualisierung der Partikelposition x zu x' mit Hilfe von Gleichungen 3.4 und 3.5.

nach seiner eigenen Historie oder sozial nach der Historie des Schwarms zu richten. Um die Exploration des Suchraums zu begünstigen, verwenden wir die stochastischen Komponenten r_1 und r_2. Diese Faktoren sind Zufallswerte, die in der Regel auf Basis der Gleichverteilung im Intervall $[0;1]$ erzeugt werden. Die Parameter c_1 und c_2 können beliebig gewählt werden. Kennedy und Eberhart schlagen vor, beide Parameter auf eins einzustellen, um einen erwarteten Durchschnitt von eins bei der Multiplikation mit den beiden Zufallswerten zu erreichen, denn $E[r_1] = E[r_2] = 0{,}5$. Den Ablauf der Partikelschwarmoptimierung zeigt Abbildung 3.2. Nach der Initialisierung der Parameter und der Partikel der ersten Iteration werden in einer Schleife die Geschwindigkeiten und Positionen der Partikel nach Gleichungen 3.4 und 3.5 solange verändert, bis eine Abbruchbedingung erfüllt ist. Sinnvolle Abbruchbedingungen sind dieselben, die wir schon in Kapitel 2 bei den evolutionären Verfahren kennen gelernt haben.

```
1       Start
2           Initialisiere Parameter und Partikel;
3           Repeat
4               For i=1 To μ Do
5                   Berechnung von $\mathbf{p}^s$ und $\mathbf{p}^g$;
6                   Anpassung der Geschwindigkeit $\mathbf{v}$;
7                   Anpassung der Partikelposition $\mathbf{x}$;
8                   Berechne Fitness $f(\mathbf{x})$;
9               Next
10          Until Abbruchbedingung
11      End
```

Abbildung 3.2. Der Ablauf der Partikelschwarmoptimierung.

Es existieren viele Erweiterungen des ursprünglichen Partikelschwarmoptimierungs-Algorithmus, z.B. die Nachbarschaft betreffend, aus der der Partikel die soziale Komponente $\mathbf{p}^g$ seiner Geschwindigkeitsanpassung ermittelt. Häufig werden zu diesem Zweck spezielle Topologien verwendet wie z.B. eine Sternnachbarschaft der Partikel oder die Anordnung in einer Pyramide. Die Wahl der Nachbarschaft ist jedoch problemabhängig. Die global beste Fitness des Gesamtschwarms einzubeziehen, lässt den Algorithmus meist schneller konvergieren, jedoch besteht das Risiko, in lokalen Optima stecken zu bleiben. Kleinere Nachbarschaften hingegen bremsen die Konvergenz, erhöhen jedoch die Fähigkeit zur Exploration des Suchraumes.

Des Weiteren schlagen Shi und Eberhart [52] einen Trägheitsparameter w für die Geschwindigkeit vor. Dieser führt zu besseren Konvergenzergebnissen, wenn er während des Optimierungsprozesses linear verringert wird:

$$\mathbf{v}' = w\mathbf{v} + c_1 r_1 (\mathbf{p}^b - \mathbf{x}) + c_2 r_2 (\mathbf{p}^g - \mathbf{x}). \qquad (3.6)$$

Der Trägheitsterm ähnelt dem Momentum-Term, der in Kapitel 7 beim Backpropagation-Verfahren vorgestellt wird. Für $w < 1$ sorgt er für konvergentes Verhalten, für Werte über eins eher für Divergenz und Exploration.

3.3.2 Diskret

Die Partikelschwarmoptimierung kann nicht nur auf numerischen Problemräumen zum Einsatz kommen. Ihre Operatoren können auch für diskrete und kombinatorische Probleme definiert werden. Clerc [11] hat Operatoren für Graphen, insbesondere das Problem des Handelsreisenden, definiert. Wir fassen die Lösung π des Problems des Handelsreisenden als Permutation von Städten auf, deren Reihenfolge die Rundreise definiert. Bei der Partikelschwarmoptimierung entspricht π der Partikel-Position x. Die Fitness ist definiert als die Länge der Rundreise l. Auf welche Weise können wir nun die Partikelschwarmoptimierungs-Operatoren für diskrete Probleme definieren? Wir zeigen hier beispielhaft Clercs Definition des Konzeptes Geschwindigkeit und des Operators *addiere Geschwindigkeit*. Im physikalischen Sinn ist die Geschwindigkeit definiert als Quotient aus der Differenz zweier Positionen und der dabei vergangenen Zeit. Bei zwei Rundreisen π und π' können wir die Geschwindigkeit auffassen als eine Liste von j Städtevertauschungen[2]

$$\mathbf{v} = \{(i_k, j_k) \mid k = 1, \ldots, j\}, \qquad (3.7)$$

die nötig sind, um π in π' zu überführen. Die Leere Menge $\emptyset$ entspricht der Geschwindigkeit $\mathbf{v} = 0$ und der Betrag der Geschwindigkeit $|\mathbf{v}|$ der Anzahl an Vertauschungsoperationen.

---
[2] siehe auch Inversions-Mutation, Kapitel 2.2

Die Operation *addiere Geschwindigkeit*

$$\pi' = \pi + \mathbf{v} \tag{3.8}$$

kann nun definiert werden als die Ausführung der Vertauschungsoperationen der Liste **v**. Hierzu betrachten wir ein Beispiel. Sei

$$\pi = (2, 4, 1, 6, 3, 5)$$

eine Rundreise und

$$\mathbf{v} = \{(4,1), (1,5)\}$$

eine Geschwindigkeit. Dann vertauschen wir erst die vierte Stelle mit der ersten und dann die erste Stelle mit der fünften und erhalten

$$\pi' = (3, 4, 1, 2, 6, 5).$$

Die übrigen Operatoren werden auf ähnliche Weise definiert. Auch die diskrete Partikelschwarmoptimierung hat sich bereits als erfolgreiche Optimierheuristik erwiesen.

3.4 Ameisenalgorithmen

Ein Ameisenalgorithmus modelliert das Verhalten von Ameisen, um Optimieraufgaben zu lösen. Die Ameisenmetaheuristik wurde 1992 von Dorigo [12] in seiner Doktorarbeit vorgeschlagen. Ameisen bilden in der Natur komplexe Schwärme, auch Ameisenstaaten genannt, die arbeitsteilige Aufgaben übernehmen wie Nestbau, Brutpflege und Nahrungssuche. Die einzelnen Mitglieder des Staates kommunizieren hauptsächlich über Pheromone miteinander. Diese haften auf der Oberfläche, über

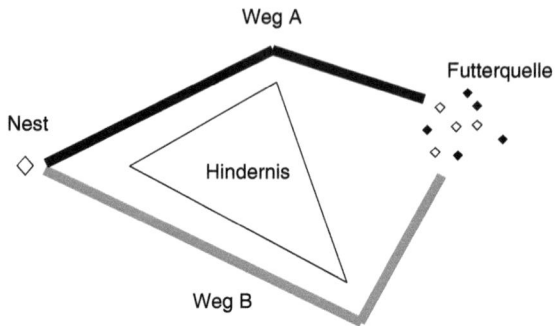

Abbildung 3.3. Double-Bridge-Experiment. Da Weg A kürzer ist, kehrt die Ameise, die diesen Weg wählt, eher zum Nest zurück und hinterlässt eine stärkere Pheromonspur.

die sich die Tiere bewegen. Auf diese Weise markierte Wege werden von anderen Ameisen wahrgenommen. Von diesem Prinzip inspiriert, können Aufgaben wie die Suche nach kürzesten Wegen gelöst werden. Abbildung 3.3 verdeutlicht das Prinzip der Pheromonspuren bei zwei Wegen unterschiedlicher Längen und ist als **Double-Bridge-Experiment** bekannt. Gesucht ist der kürzeste Weg von einem Nest zu einer Futterquelle. Wir gehen davon aus, dass zwei Ameisen sich gleichzeitig auf Futtersuche begeben. Nehmen wir an, Ameise eins geht den Weg A, um das Hindernis herum, während Ameise zwei den rechten längeren Weg B geht. Am Zielort angekommen, machen beide Ameise kehrt und kehren zum Nest zurück. Aufgrund des kürzeren Weges, den Ameise eins zum Zielort hat, kommt sie folglich früher wieder an ihrem Startort an. Jede weitere Ameise, die vor der Alternative stünde, einen der beiden Wege zu gehen, würde sich von der stärkeren Pheromonkonzentration auf Weg A der Ameise eins — denn diese hat ja bereits den Weg zweimal passiert — verführen lassen und diese Alternative wählen. Dadurch verstärkt sich die Pheromonspur und jede weitere Ameise wählt mit hoher Wahrscheinlichkeit denselben Weg, auch wenn Ameise zwei endlich von ihrem weiteren Weg Heim kehrt. Der beschriebene Effekt verstärkt sich mit jeder weiteren Ameise und somit vergrößert sich die Wahrscheinlichkeit für den kürzeren Weg. Pheromone verdunsten im Laufe der Zeit, was dazu führt, dass ältere Spuren verschwinden und nicht mehr gewählt werden.

Das Prinzip der Verstärkung guter Lösungen können wir nun algorithmisch in Form der Ameisenalgorithmen umsetzen, die erfolgreich für eine Reihe von Optimierungsaufgaben eingesetzt werden. Wir formalisieren das Prinzip wie folgt an Hand kombinatorischer Probleme, d.h. für diskrete Grundmengen $\mathcal{X}$ der Mächtigkeit M, wie z.B. M Städte beim Problem des Handelsreisenden. Gesucht ist eine Belegung für den N-dimensionalen[3] Lösungsvektor $\mathbf{x} \in \mathcal{X}^N$. Beim unserem Double-Bridge-Experiment besteht die Grundmenge $\mathcal{X}$ möglicher Werte aus den beiden Wegen. Der 1-dimensionale Vektor $\mathbf{x}$ soll nun mit einem Wert der Grundmenge belegt werden. Das Basisprinzip des Ameisenalgorithmus erklärt sich nun wie folgt. Jede Ameise a_l, $1 \leq l \leq \mu$, der Population belegt nun jede ihrer Variablen x_i sukzessive durch Auswertung des Nutzens, den diese Belegung aller Voraussicht nach haben wird. Diese Belegung erfolgt analog der Wegentscheidung stochastisch. Die Wahrscheinlichkeit $p(x_{ij})$, dass Variable x_i den Wert $w_j \in \mathcal{X}$ erhält, errechnet sich mit Hilfe des zugeordneten Pheromons τ_{ij}:

---

[3] Beim Problem des Handelsreisenden gilt noch zusätzlich $N = M$, da jede Stadt genau einmal besucht wird.

$$p(x_{ij}) = \frac{\tau_{ij}^\alpha \cdot \nu_{ij}^\beta}{\sum_{k \in \mathcal{X}} \tau_{ik}^\alpha \cdot \nu_{ik}^\beta}. \tag{3.9}$$

Als zusätzliche Information für die Wahrscheinlichkeitsbeurteilung ist die heuristische Information ν_{ij} nötig. Ansonsten würde es sich anfänglich um reine Zufallssuche handeln. Beim Problem des Handelsreisenden kann sinnvoller Weise die heuristische Information die Länge von der aktuellen bis zur nächsten Stadt sein. Diese zusätzliche Information sollte auch bei anderen Problemen zur Verfügung stehen, damit wir die Ameisenalgorithmen erfolgreich zum Einsatz bringen können. Wie errechnen wir die Wahrscheinlichkeit für die Belegung der Variable x_i mit dem Element w_j? Die Wahrscheinlichkeit $p(x_{ij})$ ist das Verhältnis zwischen dem Produkt aus Pheromon und Heuristikinformation geteilt durch die Summe aller Produkte aus Pheromonen und Heuristikinformationen. Die Parameter α und β steuern den Einfluss von Pheromonen und heuristischen Informationen. Mit Hilfe einer fitnessproportionalen Auswahl, die genauso arbeitet wie die schon aus Kapitel 2 bekannte fitnessproportionale Selektion, wird schließlich die Entscheidung für eine Belegung − beim Problem des Handelsreisenden die Wegentscheidung − gefällt. Statt probabilistisch kann die Auswahlentscheidung mit einer gewissen Wahrscheinlichkeit *greedy* getroffen werden, d.h. es wird die Belegung gewählt, für die $\tau_{ij}^\alpha \cdot \nu_{ij}^\beta$ maximal wird.

Haben alle Ameisen ihre Auswahlentscheidungen getroffen, wird die Qualität $f(\mathbf{x})$ jeder Lösung $\mathbf{x}$ berechnet. Darauf folgt der zweite wichtige Schritt des Ameisenalgorithmus: die **Pheromonablage**. Eine Auswahl der Ameisen muss jedes Pheromon τ_{ij} aktualisieren:

3.4 Ameisenalgorithmen

$$\tau'_{ij} = (1-\rho)\tau_{ij} + \rho \cdot \begin{cases} w \cdot 1/f(\mathbf{x}) &, (i,j) \in \mathbf{x} \\ 0 &, (i,j) \notin \mathbf{x} \end{cases} \quad (3.10)$$

mit Lernparameter $0 \leq \rho \leq 1$ und Gewichtsfaktor $w \in \mathbb{R}$. Je kleiner $f(\mathbf{x})$ desto größer ist die Pheromonspur τ. Dieser Einfluss wird durch den Gewichtsfaktor w zusätzlich gesteuert. Meist kommen nur die Ameisen mit den besten Lösungen zur Pheromonablage. Um die Diversität der Lösungen jedoch aufrecht zu erhalten, können auch alle Ameisen ihre Pheromone ablegen. Beim ersten Teil der Summe spricht man vom Verwitterungsteil der Formel, ein Konzept, das Witterungseinflüsse auf vergangene Pheromonspuren modellieren soll. Der Parameter ρ bestimmt das Verhältnis zwischen Pheromonen aktueller Lösungen und Pheromonen älterer Lösungen aus dem Kollektiv und wird auch als **Verwitterungsfaktor** bezeichnet.

1	**Start**
2	Initialisiere Parameter und Variablen;
3	**Repeat**
4	**For** i=1 **To** μ **Do**
5	Belegung der Variablen (nach 3.9);
6	Berechne Fitness von Ameise a_i (nach 3.10);
7	**Next**
8	Anpassung der Pheromone;
9	**Until** Abbruchbedingung
10	**End**

Abbildung 3.4. Ablauf eines Ameisenalgorithmus.

Abbildung 3.4 verdeutlicht noch einmal die Arbeitsweise der Ameisenalgorithmen. Nach der Initialisierungsphase, in der initiale Lösungen berechnet werden, beginnt die Iterations-

56   3 Schwarmintelligenz

schleife bis eine Abbruchbedingung erfüllt ist und der Algorithmus terminiert. Die Belegung der Variablen erfolgt mit Hilfe von Gleichung 3.9 und die Qualität der Lösung wird berechnet. Nachdem alle μ Ameisen ihre Lösungen konstruiert haben, werden die Pheromone neu berechnet (siehe Gleichung 3.10).

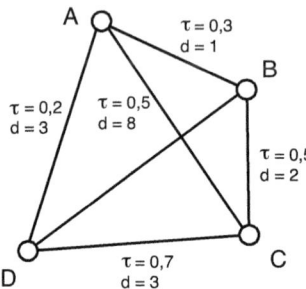

Abbildung 3.5. Problem des Handelsreisenden mit Pheromonen τ und Abstand d zwischen den Städten.

Betrachten wir ein einfaches Beispiel mit vier Städten (siehe Abbildung 3.5). Anfangs sind alle Pheromone zufällig initialisiert. Die erste Ameise startet bei Stadt A. Sie berechnet nun die Wahrscheinlichkeiten für die nächste Stadt mit Hilfe der Pheromone und der heuristischen Information. Als letztere können wir $\nu = 1/d$ nutzen, denn das Problem des Handelsreisenden ist ein Minimierungsproblem und die Wahrscheinlichkeit für die Auswahl einer Stadt sollte mit geringem Abstand zunehmen. So errechnet sich die Wahrscheinlichkeit für Stadt B:

$$p_{AB} = \frac{0,3 \cdot 1/1}{0,3 \cdot 1/1 + 0,5 \cdot 1/8 + 0,2 \cdot 1/3} = 0,7. \quad (3.11)$$

Ebenso errechnen sich die Wahrscheinlichkeiten für die beiden anderen Städte $p_{AC} = 0{,}15$ und $p_{AD} = 0{,}15$. Mit hoher Wahrscheinlichkeit wählt die Ameise also den Weg über die Stadt B. Von hier aus geht die Auswahl weiter und die Wahrscheinlichkeiten für die Städte C und D werden berechnet. Städte, die bereits besucht wurden, dürfen nicht in die Berechnung einbezogen werden und müssen aus der Menge $\mathcal{X}$ entfernt werden. Angenommen, die Ameise hat den Weg $x = ABCDA$ mit der Streckenlänge $f(x) = 9$ gewählt. Nun berechnen die übrigen $\mu - 1$ Ameisen ihren Weg. Daraufhin erfolgt die Pheromonablage. Angenommen, unsere erste Ameise legt ihre Pheromone ab, es gelte $\rho = 0{,}4$ und $w = 5$. Dann wird beispielsweise das τ_{AB} wie folgt neu berechnet:

$$\tau'_{AB} = (1 - 0{,}25) \cdot 0{,}3 + 0{,}25 \cdot 5 \cdot 1/9 = 0{,}36 \quad (3.12)$$

Auf selbe Weise erfolgt die Pheromonablage der anderen τ's. Kurze Rundreisen aktualisieren die Pheromone mit hohen Werten und erhöhen damit gleichzeitig die Wahrscheinlichkeit für die Konstruktion ähnlich kurzer Reisen in der nächsten Iteration. Auf diese Weise werden kurze Rundreisen im Laufe der Iterationen konstruiert. Mit Hilfe von Ameisenalgorithmen konnte in der Vergangenheit eine ganze Reihe von Optimierungsproblemen effizient gelöst werden. Sie lassen sich im Vergleich mit evolutionären Verfahren eben dann besonders gut einsetzen, wenn eine zusätzliche heuristische Information zur Verfügung steht, die die stochastische Suche bereichern kann. Erfolgreiche Einsatzgebiete umfassen u.a. Wegewahl-, Graphfärbe- und Ablaufplan-Probleme.

Literaturempfehlung

BLUM, Christian.; MERKLE, D.: *Swarm Intelligence: Introduction and Applications.* Springer, 2008, [4].

DORIGO, M.; STÜTZLE, T: *Ant Colony Optimization.* Prentice Hall, 2004, [13].

KENNEDY, J.; EBERHART, R.C.; YUHUI, S.: *Swarm Intelligence.* Morgan Kaufmann, 2001, [28].

4
Künstliche Immunsysteme

Natürliche Immunsysteme leisten bei ihrem Kampf gegen Antigene Mustererkennungs-, Optimierungs- und Klassifikationsaufgaben. Einige der Prinzipien lassen sich in sinnvoller Weise als Informationsverarbeitungs-Paradigmen umsetzen. In diesem Kapitel werden wir das Grundgerüst künstlicher Immunsysteme sowie einige ihrer typischen Komponenten kennen lernen, u.a. die positive, die negative und die klonale Selektion. Künstliche Immunsysteme sind als populationsbasierte Modelle eng verwandt mit evolutionären Verfahren und Schwarmalgorithmen, die wir in den beiden vorherigen Kapiteln bereits kennen gelernt haben.

4.1 Immunsystem-Modell

Die medizinischen und biologischen Forschungen haben in den letzten Jahrzehnten die elementaren Mechanismen natürlicher Immunsysteme identifiziert. Auch wenn das Zusammenspiel ihrer Komponenten außerordentlich komplex ist, stellen bereits einfache Modelle ihrer Basismechanismen die Grundlage leistungsfähiger Lernalgorithmen dar, die wir im Folgenden kennen lernen werden.

4.1.1 Natürliche Immunsysteme

Natürliche Immunsysteme haben die Aufgabe, den Körper vor einer Infektion durch **Antigene** wie Viren oder Bakterien zu schützen. Die Hauptelemente stellen die berühmten B- und T-Zellen dar, deren Aufgabe das Erkennen und Binden der Antigene umfasst. Das komplexe Zusammenspiel mit einer Vielzahl weiterer Bausteine sowie die Speicherung von Informationen über bereits erkannte Antigene sind wesentliche Merkmale natürlicher Immunsysteme. Jedes Immunsystem ist durch die genetischen Merkmale des Organismus sowie seine individuelle Lernerfahrung im Kampf gegen Antigene einzigartig. Immunsysteme basieren bei der Abwehr von Antigenen auf einem komplexen Zusammenspiel hoch spezialisierter Zellen. Das äußere Immunsystem besteht aus Haut und Schleimhäuten, die schon einen Großteil der Krankheitserreger abwehren. Das innere Immunsystem wird unterteilt in ein angeborenes und ein anpassungsfähiges System. Das angeborene sorgt mit seinen unspezifischen Thymus-Zellen für die allgemeine Abwehr von Antigenen. Das anpassungsfähige Immunsystem passt sich spezifisch dem Kampf gegen ein Antigen an und merkt sich mit den Gedächtnis-Zellen seine Struktur, um bei erneutem Kontakt schneller und spezifischer reagieren zu können. Die Immunnetzwerk-Theorie wurde 1974 von Jerne entwickelt und beschreibt die Reaktion des Immunsystems in Form eines Netzwerkes. Im Folgenden lernen wir bei der Vorstellung nützlicher Konzepte künstlicher Immunsysteme auch einige wesentliche Konzepte natürlicher Immunsysteme kennen.

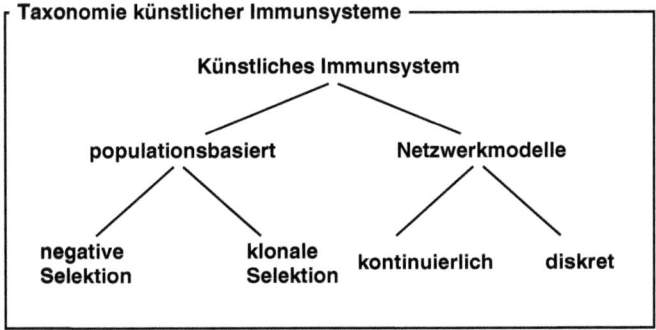

Abbildung 4.1. Die Taxonomie unterteilt künstliche Immunsysteme in populationsbasierte Modelle und Netzwerkmodelle [9]. Letztere werden hinsichtlich der Steuerung der Dynamik der Antikörperpopulation in kontinuierlich und diskret unterteilt. Die populationsbasierte Steuerung kann mit Hilfe von negativer und klonaler Selektion erfolgen.

4.1.2 Eine Taxonomie künstlicher Immunsysteme

Mittlerweile existieren vielfältige Anwendungsbereiche für Immunsysteme, um fast jede Art von Lernaufgabe zu lösen, vor allem jedoch Mustererkennungsaufgaben wie die Erkennung von Ähnlichkeiten und Anomalien sowie Optimierungsaufgaben (siehe Abschnitt 4.3.2). Künstliche Immunsysteme greifen häufig auf andere Methoden der künstlichen Intelligenz oder der Computational Intelligence zurück und können daher als Framework für ein Agentensystem betrachtet werden, dessen intelligente Einzelsysteme kooperativ die Gesamtaufgabe lösen. Hierdurch grenzen sie sich insbesondere von den in Kapitel 3 vorgestellten Schwärmen ab, die aus einer großen Menge nicht sonderlich intelligenter Individuen bestehen und deren konzeptionelle Schwerpunkte eher auf Emergenz und Stigmergie basieren. Künstliche Immunsysteme können abhängig von ihrer Arbeitsweise in vier Typen unterteilt werden [10] (siehe Abbildung 4.1):

- **Populationsbasierte** künstliche Immunsysteme mit **negativer Selektion** verändern die Menge der Antikörper mit Hilfe der negativen Selektion (siehe Abschnitt 4.3.1). Gelöscht werden hierbei Elemente, die eine zu große Ähnlichkeit zu einer Menge von Repräsentanten haben. Diese Systeme dienen vor allem der Erkennung von Fehlern und Anomalien.
- Ein **populationsbasiertes** künstliches Immunsystem mit **klonaler Selektion** nutzt die Prinzipien der klonalen Expansion und der somatischen Hypermutation, die wir später kennen lernen werden, als Hauptmechanismen (siehe Abschnitt 4.3.2). Auch diese Systeme eignen sich zur Optimierung und Mustererkennung.
- Bei **kontinuierlichen Netzwerkmodellen** erfolgt die Steuerung ihrer Antikörper-Population über Differentialgleichungen. Diese Modelle können aber auch negative oder klonale Selektion verwenden.
- **Diskrete Netzwerkmodelle** basieren auf einer Menge von Anpassungsregeln zur Steuerung der Antikörperpopulation. Beide Netzwerkmodelle eignen sich vor allem für Steuerungs- und Regelungsaufgaben sowie für Optimierung und Datenanalyse.

Die Netzwerkmodelle mit ihrer expliziten Steuerung der Antikörperpopulation werden wir in Abschnitt 4.4 kennen lernen. Zuerst konzentrieren wir uns allerdings auf die grundlegenden Konzepte künstlicher Immunsysteme und ihre Selektionsoperatoren.

4.2 Affinität

Zu den wichtigsten Prinzipien künstlicher Immunsysteme gehört die **Mustererkennung**. Sie wird ermöglicht durch die Definition eines Abstandsmaßes d zwischen Antigenen und Antikörpern. Im Sprachgebrauch der Immunsysteme spricht man in diesem Zusammenhang von Affinität. Bei natürlichen Immunsystemen wird die Affinität zwischen Antigenen und Antikörpern durch chemisch-physikalische Bindungskräfte wie Van-der-Waals-Kräfte oder Wasserstoffbrücken erzeugt. Die Gesamtheit der Bindungsfaktoren des Moleküls wird als *Shape* bezeichnet (siehe Abbildung 4.2). Zellen und Moleküle natürlicher Immunsysteme erkennen durch den *Shape* die zu bekämpfenden Antigene. Der Suchraum wird als **Shape Space** bezeichnet. Viele Algorithmen arbeiten mit Binärstrings s mit $s_i \in \{0,1\}$ und verwenden die Hammingdistanz als Abstandsmaß:

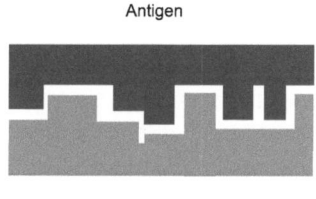

Abbildung 4.2. Die Affinität zwischen Antigenen und Antikörpern bei realen Immunsystemen resultiert aus ihrer Oberflächenbeschaffenheit, die hier geometrisch angedeutet ist.

$$d = \sum_{i=1}^{N} \delta_i, \qquad (4.1)$$

mit $\delta_i = 1$ falls $s_1 \neq s_2$, und $\delta_i = 0$ sonst. Auf numerischen Räumen, z.B. $s_1, s_2 \in \mathbb{R}^N$ bietet sich hingegen die euklidische Distanz an:

$$d = \sqrt{\sum_{i=1}^{N}((s_1)_i - (s_2)_i)^2} = [(\mathbf{s}_1 - \mathbf{s}_2)^T(\mathbf{s}_1 - \mathbf{s}_2)]^{\frac{1}{2}} \quad (4.2)$$

Diese Distanzmaße werden für die nun folgenden Operatoren verwendet. Ein Antigen oder ein Selbst-Molekül, also ein Element des eigenen Körpers, gilt als erkannt, wenn seine Affinität, d.h. Ähnlichkeit, größer ist als ein Schwellwert θ. Für seinen Abstand d gilt dann also $d \leq N - \theta$.

4.3 Immunselektion

Das Immunsystem vollzieht einen stetigen Prozess der Anpassung seiner Antikörper an die zu bekämpfenden Antigene. Die Selektions-Mechanismen, die diese Anpassung realisieren, werden im Folgenden erklärt.

4.3.1 Positive und negative Selektion

Positive Selektion modelliert die Fähigkeit natürlicher Immunsysteme, die körpereigenen Zellen zu erkennen. Man spricht auch vom Thymus-Modell. Die T-Zellen werden so selektiert, dass sie eine große Ähnlichkeit zu einer Menge von Zieldaten aufweisen. Sei S die Menge der Selbstzellen. Dann arbeitet die positive Selektion wie folgt: Füge die Elemente t'_m einer zufällig initialisierten potenziellen Menge unreifer T-Zellen T', deren Affinität zu allen Selbst-Molekülen S jeweils größer als ein Schwellwert θ ist, d.h. deren Abstand *kleiner* oder gleich $N - \theta$ ist, zur Menge T der T-Zellen hinzu oder lösche sie ansonsten. Der Algorithmus in Abbildung 4.3 beschreibt diese Vorgehensweise noch einmal im Pseudocode.

```
1    Start
2        Initialisiere Menge T' unreifer T-Zellen zufällig;
3        Für alle Elemente t'_m ∈ T'
4            Für alle Elemente s_n ∈ S
5                If d(t'_m, s_n) ≤ N - θ
6                    Füge t'_m → t_m zu T hinzu;
7                Else
8                    Lösche t'_m;
9    End
```

Abbildung 4.3. Algorithmus zur positiven Selektion.

Die negative Selektion arbeitet in umgekehrter Weise. Die potenziellen T-Zellen werden gelöscht, wenn ihre Ähnlichkeit zu körpereigenen Molekülen einen Schwellwert θ überschreitet und sie werden ausgewählt, wenn der Hammingabstand $d(t'_m, s_n) \geq \theta$ beträgt. Im Körper dient die negative Selektion der Produktion von Abwehrzellen, die Selbst-Antigene erkennen und eine Autoimmunreaktion verhindern.

Zur Verdeutlichung der Arbeitsweise eines künstlichen Immunsystems betrachten wir die negative Selektion für zwei Symbole $S = \{s_1, s_2\}$, repräsentiert als Binärstrings der Länge $N = 9$

$$S = \begin{bmatrix} s_1 \\ s_2 \end{bmatrix} = \begin{bmatrix} 0\ 0\ 0\ 1\ 1\ 1\ 0\ 0\ 0 \\ 1\ 0\ 0\ 0\ 1\ 0\ 0\ 0\ 1 \end{bmatrix}. \tag{4.3}$$

Unser Immunsystem arbeitet mit vier T-Zellen, die anfänglich zufällig initialisiert werden

$$T = \begin{bmatrix} t_1 \\ t_2 \\ t_3 \\ t_4 \end{bmatrix} \begin{bmatrix} 0\ 1\ 0\ 0\ 1\ 0\ 0\ 1\ 0 \\ 0\ 1\ 1\ 1\ 0\ 1\ 1\ 1\ 0 \\ 1\ 0\ 1\ 0\ 1\ 0\ 1\ 0\ 0 \\ 1\ 1\ 1\ 0\ 0\ 0\ 1\ 1\ 1 \end{bmatrix}. \tag{4.4}$$

Abbildung 4.4 zeigt die S- und T-Zellen. Die negative Selektion vergleicht nun jede T-Zelle mit jeder S-Zelle unter Verwendung des Hammingabstandes. Es ergibt sich folgende Affinitätsmatrix der Hammingabstände:

$$M = \begin{bmatrix} 4\ 5\ 5\ 9 \\ 4\ 9\ 3\ 5 \end{bmatrix}. \tag{4.5}$$

Dabei entspricht die erste Zeile dem Vergleich zwischen s_1 und den jeweiligen T-Zellen in jeder Spalte, die zweite Zeile entspricht auf selbe Weise dem Vergleich mit s_2. Setzen wir den Schwellwert der Affinität auf den Wert $\theta = 5$, werden alle T-Zellen ausgewählt, deren Hammingabstand $\theta' \geq 5$ zu allen S-Zellen ist. Nach dieser Regel wählen wir also t_2 und t_4 als erfolgreiche T-Zellen aus. Im biologischen Sinn heißt dies, dass die T-Lymphozyten t_1 und t_3 selbstreaktiv sind und deshalb zerstört werden müssen.

4.3.2 Klonale Selektion

Insbesondere die klonale Selektion gehört zu den Grundprinzipien natürlicher Immunsysteme zur Abwehr von Antigenen. Sie

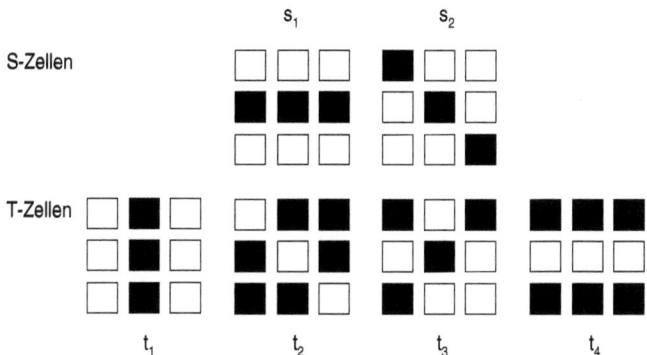

Abbildung 4.4. Beispiel für negative Selektion. Alle T-Zellen werden gelöscht, die mindestens ein Element der S-Zellen erkennen. Nach der negativen Selektion bleiben t_2 und t_4 über.

basiert auf zwei Konzepten. Das erste ist als **klonale Expansion** bekannt: Je größer die Affinität zwischen Antigen und B-Zelle desto häufiger wird der B-Zellklon produziert. Es werden also vermehrt gute Lösungen generiert. Der zweite Mechanismus betrifft die Mutation. Die **Mutationsrate** wird antiproportional zur Affinität eingestellt. Unähnliche Lösungen werden also vermehrt mutiert, während ähnliche Lösungen nur leicht mutiert werden, um nicht zerstört zu werden. Dieses Konzept wird als somatische Hypermutation bezeichnet. Beide Prinzipien werden in den folgenden Schritten algorithmisch umgesetzt:

1. Zuerst wird wie bei der positiven und negativen Selektion ein Repertoire B' unreifer B-Zellen produziert. Wieder

wird zu jeder unreifen B-Zelle b'_m die Affinität α_{mn} zu jedem Antigen a_n berechnet.
2. Die unreifen B-Zellen b'_m werden bezüglich ihrer Affinität α_{mn} absteigend sortiert. Die k B-Zellen mit der größten Affinität werden ausgewählt und proportional zu α_{mn} kloniert.
3. Alle Klone werden dann antiproportional zur Affinität mit der Stärke $1/\alpha_{mn}$ mutiert. Die mutierten Klone werden zur Menge unreifer B-Zellen hinzugefügt. Nun werden die B-Zellen mit dem Schwellwert θ basierend auf ihrer Affinität wie bei der positiven Selektion ausgewählt.
4. Mit Metadynamik wird der anschließende Prozess bezeichnet, bei dem l Elemente mit geringer Affinität durch zufällige Elemente ersetzt werden.

Eine wiederholte Anwendung der klonalen Selektion passt die Population der Antikörper an die zu erkennenden Antigene an.

Beispiel: Ablaufpläne Erstellen

Hart und Ross [23] setzen ein Immunsystem zur Lösung von Ablaufplanungs-Problemen[1] ein. Bei Ablaufplanungs-Problemen muss eine Reihe von Aufgaben $j_1, \ldots, j_N$ mit Hilfe von k Maschinen $m_1, \ldots, m_k$ erledigt werden. Dabei müssen eine Reihe von Nebenbedingungen wie Aufgabendauer oder Abhängigkeiten in den Abfolgen eingehalten werden. Ein gültiger Ablaufplan liefert unter Einhaltung dieser Nebenbedingungen für jede Maschine einen Aufgaben-Belegungsplan. Der Algorithmus bekommt als Eingabe für jede Maschine eine Menge von Aufgabenbelegungen in einem speziellen Szenario und hat die Aufgabe, unvollständige Ablaufpläne zu ergänzen, bzw. neue ähnliche zu erstellen.

---
[1] im Englischen *Job-Scheduling*-Probleme genannt

4.3 Immunselektion

Das System von Hart und Ross arbeitet nun wie folgt. Die Aufgabenbelegungen der Eingabe werden als Antigene aufgefasst. Der Algorithmus arbeitet in zwei Phasen. In der ersten Phase verwendet das Immunsystem einen evolutionären Algorithmus zur Identifikation von Gensegmenten, das sind hier kurze typische Aufgabenbelegungen, die in mehreren Antigenen vorkommen. Diese Gensegmente werden dann in einem zweiten Schritt des Algorithmus verwendet, um die neuen Ablaufpläne aufzustellen, bzw. die unvollständigen zu ergänzen.

In der ersten Phase werden die typischen Gensegmente mit Hilfe vorhandener Maschinenpläne − hier in der Rolle der Antigene − identifiziert. Es muss Vorwissen über das Problem vorhanden sein. In den Experimenten von Ross und Hart wurden die initialen Maschinenpläne mit Hilfe von evolutionären Algorithmen erstellt. Sei j die Anzahl der Aufgaben für jede Maschine. Dann haben die Gensegmente eine wesentlich geringere Länge $l << j$. Diese werden nun mit Hilfe genetischer Operatoren evolviert. Die Autoren verwendeten 100 Gensegmente der Länge $l = 5$, Bit-Mutation mit Wahrscheinlichkeit $p_m = 1/l$ sowie die Crossoverwahrscheinlichkeit $p_c = 0,7$. Abhängig von der Verwandtschaftsbeziehung zweier Gensegmente verwenden sie verschiedene Crossover-Operatoren. Um Überlappungen und Redundanz der Gensegmente zu erzielen, wurden ihre Fitnesswerte mit Hilfe folgender Schritte berechnet:

1. Wähle zufällig μ Gensegmente und τ Antigene.
2. Errechne für jedes Gensegment die maximale Übereinstimmung mit jedem Antigen unter Berücksichtigung jeder Verschiebung.
3. Summiere für jedes Gensegment alle Übereinstimmungen.
4. Nur die Fitness des Gensegmentes mit den meisten Übereinstimmungen wird erhöht.
5. Wiederhole diese Prozedur $3 \cdot \tau$ mal.

Die auf diese Weise generierte Bibliothek von Gensegmenten wird nun im nächsten Schritt dazu verwendet, die Antikörper zu konstruieren.

Ziel der Antikörperproduktion ist die Generierung, bzw. Vervollständigung von Ablaufplänen. Dabei werden die Pläne als Antikörper betrachtet und aus den im ersten Schritt evolvierten Gensegmenten mit Länge l zusammengebaut. Wir nehmen an, der unvollständige Ablaufplan habe die Länge N. Dann kommen die folgenden drei Mechansimen zum Einsatz. Bei der einfachen Rekombination werden zufällig die Gensegmente ausgewählt, die keine im Ablaufplan bisher vorkommenden Aufgaben enthalten. Der Fall der somatischen Rekombination tritt bei Überlappung ein. Wenn die ersten n Aufgaben des Gensegmentes mit den letzten n Aufgaben des lückenhaften Ablaufplans übereinstimmen und die verbleibenden anderen $l-n$ Aufgaben des Segmentes im Plan nicht mehr vorkommen, vervollständigt das Segment den Plan um die $l-n$ nicht überlappenden Aufgaben. Ein letzter dritter Mechanismus komplettiert die Ablaufpläne, indem eine einzelne Aufgabe zum Plan hinzugefügt wird, sofern diese in den zuvor gewählten Gensegmenten nicht vorkommt. Mit Hilfe dieser Mechanismen können neue Pläne auf der Basis der zuvor zur Verfügung stehenden Aufgabensequenzen erstellt bzw. unvollständige Pläne rekonstruiert werden. Das Immunsystem ist in der Lage, eine erfolgreiche Bibliothek von Teilsequenzen zu evolvieren. Die Ergebnisse sind ausführlich in [23] nachzulesen.

4.4 Netzwerkmodelle

Die Netzwerkmodelle unterscheiden sich von den populationsbasierten Modellen in der Eigenschaft, dass die Populationsgrößen variabel sind und angepasst werden. Dabei steuern explizite Regeln oder auch Differentialgleichungen die Population. Netzwerkmodelle basieren auf der Beobachtung, dass die Dynamik der Antikörper nicht allein von den Antigenen ausgeht, sondern sich auch selber beeinflusst. Die Populationssteuerung basiert bei den meisten künstlichen Modellen auf Ähnlichkeiten und Häufigkeiten von Antikörpern und Antigenen. Sie beeinflusst folglich vor allem die Diversität innerhalb der Population.

4.4.1 Kontinuierliche Netzwerke

Das kontinuierliche Netzwerkmodell von Farmer [15] modelliert die Beobachtung, dass die Konzentration der Antikörper erhöht wird, die andere Antikörper oder Antigene erkennen. So wird ermöglicht, dass die erfolgreichen Antikörper mit ihrer größeren Zahl auch neue unbekannte Antigene erkennen können. Währenddessen werden erfolglose Antikörper, die weder andere Antikörper noch Antigene erkennen, verworfen. In Farmers Modell besteht jeder Antikörper aus zwei Strings, nämlich dem **Epitop** e und dem **Paratop** p. Das Epitop e_x des Antikörpers x kann vom Paratop anderer Antikörper erkannt werden. Diese Erkennung erfolgt wie gewöhnlich über die Affinität. Eine Affinitätsmatrix (m_{ij}) bestimmt die Affinität aller Antikörper untereinander. Diese wird nun benötigt, um die Dynamik der N Antikörperpopulationen mit Hilfe ihrer Konzentrationen c_i zu definieren.

$$\frac{\partial c_i}{\partial t} = k_1 \left[\sum_{j=1}^{N}(m_{j,i})c_ic_j - k_2 \sum_{j=1}^{N}(m_{i,j})c_ic_j + \sum_{j=1}^{M}(m_{j,i})c_iy_j \right] - k_3 c_i. \quad (4.6)$$

Der erste Summand entspricht der Stimulation des Paratops eines Antikörpers vom Typ i durch ein Epitop des Antikörpers vom Typs j. Der zweite Summand modelliert umgekehrt die

Unterdrückung des Antikörpers vom Typ i durch den Typ j. Der Einfluss der Antigenkonzentration y_i der M Antigentypen wird mit Hilfe des dritten Summanden ausgedrückt, während der vierte Summand das Zellsterben mit Hilfe des Parameters k_3 modelliert. Die Konstante k_1 modelliert die Zahl von Kollisionen pro Zeiteinheit und die dadurch stimulierte Antikörperproduktion. Währenddessen bestimmt k_2 ein mögliches Ungleichgewicht zwischen Stimulation und Suppression. Mit Hilfe der Parameter kann das Verhalten des kontinuierlichen Immunnetzwerkes spezifiziert werden. Nützlich sind auch hier die Parametereinstellungs- und Steuerungsverfahren, die wir schon in Kapitel 2.5 für evolutionäre Verfahren kennen gelernt haben.

4.4.2 Diskrete Netzwerke

Die diskreten Immunnetzwerkmodelle steuern ihre Antikörperpopulation mit Hilfe expliziter Regeln. Wir betrachten das *Ressource Limited Artificial Immune Network* von Timmis [55] als Beispiel für ein diskretes Immun-Netzwerkmodell. Der Ansatz zur Steuerung der Dynamik dieses diskreten Immunnetzwerks unterscheidet sich stark vom kontinuierlichen Modell: die Anzahl der Antikörper wird nicht durch eine Differentialgleichung beschrieben, sondern ergibt sich aus der individuellen Stimulusreaktion im Vergleich mit anderen Stimulusreaktionen oder im Vergleich zu einem Schwellwert. Der Stimulus ist wie bei den anderen Modellen abhängig von der Affinität. Das Modell von Timmis beschreibt die Metadynamik von B-Zellen durch die Berechnung der Stimulation jeder B-Zelle. Diese Stimulation s_i errechnet sich aus der euklidischen Distanz zu anderen B-Zellen und zu Antigenen. Nach der Initialisierung werden folgende Schritte bis zum Erreichen eines Abbruchkriteriums wiederholt:

1. Berechnung des Stimulus s_i,

2. Metadynamik: Eliminierung von Antikörpern mit niedrigem Stimulus nach Vergleich mit anderen Stimuli,
3. Klonale Expansion: Klone Antikörper mit Rate proportional zum Stimulus s_i,
4. Somatische Hypermutation: Mutiere jeden Antikörper mit Mutationsrate umgekehrt proportional zum Stimulus s_i,
5. Netzwerkkonstruktion: Füge schließlich die mutierten Klone zum Netzwerk hinzu.

Für das Studium weiterer stetiger Immunnetzwerkmodelle sei auf die geeignete Literatur verwiesen, z.B. von Castro [9].

Literaturempfehlung

DE CASTRO, L. N.; TIMMIS, J. I.: *Artificial Immune Systems: A New Computational Intelligence Approach.* Berlin, Springer, 2002, [9].

DE CASTRO, L. N.; TIMMIS, J. I.: Artificial Immune Systems as a Novel Soft Computing Paradigm. In: *Soft Computing* 7, 2003, Nr. 8, S. 526–544, [10].

FARMER, J. D.; PACKARD, N. H.; PERELSON, A. S.: The Immune System, Adaptation, and Machine Learning. In: *Physica D,* Volme 2, 1986, Nr. 1–3, S. 187–204, [15].

5

Fuzzy-Logik

Sprachliche Ausdrucksfähigkeit weist in der Regel ein hohes Maß an Unsicherheit und Vagheit auf. Sätze wie „*Die Musik ist laut.*" oder „*Das Auto fährt schnell.*" sind nicht nur physikalisch kaum exakt definierbar, ihre Interpretation variiert von Mensch zu Mensch. Zum einen sind unscharfe Aussagen im Alltag oft ausreichend. Zum anderen reduzieren sie den kognitiven Aufwand zur Speicherung und Verarbeitung der Informationen erheblich und sind ein Indiz dafür, dass die menschliche Kognition nicht auf nur zwei Wahrheitswerten basiert. Fuzzy-Systeme sind ein Ansatz, diese unpräzisen menschlichen Ausdrücke und Regeln zu modellieren. Ihr Vorläufer, ein auf mehrwertiger Logik basierendes Konzept, wurde zuerst 1920 von Łukasiewicz vorgeschlagen. Er erweiterte das System der Logik auf alle reellen Zahlen im Intervall $[0; 1]$. Schlussfolgerungsprozesse auf dem vorgeschlagenen logischen System waren jedoch keineswegs exakt. Erst Lotfi Zadeh [56] erweiterte 1965 Łukasiewiczs System zu Fuzzy-Systemen, wie wir sie heute kennen.

O. Kramer, *Computational Intelligence*, Informatik im Fokus,
DOI 10.1007/978-3-540-79739-5_5,
© Springer-Verlag Berlin Heidelberg 2009

5.1 Klassische Mengen und Aussagenlogik

Bevor wir die unscharfen Konzepte der Fuzzy-Mengen und der Fuzzy-Logik kennen lernen, wiederholen wir an dieser Stelle in aller Kürze einige klassische Konzepte. Die Mathematik definiert die klassische Menge M über einer Grundmenge G von Elementen. Dabei wird für jedes Element $x \in G$ bestimmt, ob es zur Menge gehören soll, $x \in M$, oder nicht, $x \notin M$. Die Mengen können dabei aufzählend definiert werden, z.B. $M = \{1, 2, 3, \ldots\}$ oder auch $M = \{x_1, x_2, x_3, \ldots\}$. Eine weitere Definition ist über die Angabe ihrer Eigenschaften möglich wie etwa

$$M = \{x \in \mathbb{R} | x \leq 5\}. \tag{5.1}$$

Die Universalmenge U über einer Grundmenge G umfasst alle Elemente von G, während die leere Menge $\emptyset$ kein Element enthält.

Operationen und Eigenschaften von Mengen können auf einfache Weise mit Hilfe der **charakteristischen Funktion** $\mathcal{X}$ definiert werden. Die charakteristische Funktion $\mathcal{X}_M$ der Menge M gibt für jedes Element $x \in G$ an, ob es in M liegt oder nicht:

$$\mathcal{X}_M(x) = \begin{cases} 0 \text{, falls } x \notin M \\ 1 \text{, falls } x \in M \end{cases} \tag{5.2}$$

Die Teilmengen-Beziehung $A \subseteq B$, die angibt, dass alle Elemente der Menge A in der Menge B enthalten sind, lässt sich beispielsweise unter Zuhilfenahme der charakteristischen Funktion formulieren als

$$A \subseteq B \equiv \mathcal{X}_A(x) \leq \mathcal{X}_B(x). \tag{5.3}$$

5.1 Klassische Mengen und Aussagenlogik

Ein der charakteristischen Funktion ähnliches Konzept werden wir später bei der Definition der Fuzzy-Menge verwenden. Klassische Mengenoperationen sind der Schnitt, die Vereinigung und das Komplement. Wir geben hier beispielhaft die Definition des Schnitts zweier Mengen A und B an:

$$A \cap B = \{x \in G | x \in A \wedge x \in B\} \qquad (5.4)$$

Der Schnitt kann auch mit Hilfe der charakteristischen Funktion definiert werden:

$$\mathcal{X}_{A \cap B}(x) = \min(\mathcal{X}_A(x), \mathcal{X}_B(x)) \qquad (5.5)$$

Kommen wir nun zur **Aussagenlogik**. Logische Systeme stellen formale Kalküle dar, mit deren Hilfe Aussagen formuliert und Schlussfolgerungen alleine aufgrund syntaktischer Regeln gezogen werden können. Die Aussagenlogik weist ihren logischen Aussagen einen der beiden Wahrheitswerte *wahr* oder *falsch* zu. Zulässige aussagenlogische Ausdrücke werden induktiv definiert:

1. Kleine Buchstaben und w, f sind zulässige Ausdrücke.
2. Wenn A und B zulässige Ausdrücke sind, dann auch $\neg A$, $A \vee B$ und $A \wedge B$.

Jedem zulässigen Ausdruck wird mit Hilfe von Wahrheitswerten eine Bedeutung zugeordnet. Dabei bedeutet w *wahr* und f *falsch*. Die lateinischen Buchstaben sind Variablen und können mit w oder f belegt werden. Den logischen Operatoren $\neg A$ (nicht), $A \vee B$ (oder) und $A \wedge B$ (und) werden Wahrheitswerte gemäß einer Tabelle zugeordnet. Natürlich können die Operatoren auch umgangssprachlich definiert werden. $\neg A$ kehrt den

Wahrheitswert des Ausdrucks A um. $A \vee B$ ist wahr, wenn einer der beiden Ausdrücke wahr ist und $A \wedge B$ ist nur dann wahr, wenn beide Ausdrücke wahr sind. Eine Interpretation ist eine Belegung, die jeder Variablen einen Wahrheitswert zuordnet. Eine Formel heißt erfüllbar, wenn es eine Belegung von Wahrheitswerten gibt, so dass die Formel insgesamt wahr ist. Gibt es keine Wahrheitswertebelegung, für die die Formel wahr ist, heißt sie unerfüllbar. Ist die Aussage für jede mögliche Belegung wahr, so heißt sie allgemeingültig oder Tautologie. Zwei aussagenlogische Formeln heißen äquivalent, wenn beide für jede mögliche Belegung den gleichen Wahrheitswert liefern.

Wichtig für das logische Schlussfolgern sind der *Modus Ponens* und der *Modus Tollens*. Der **Modus Ponens** wird auch als Ableitungsregel bezeichnet und arbeitet wie folgt. Grundlage ist die Regel: **Wenn** A gilt, **dann** folgt B. Diese Regel ist als Implikation bekannt und wird abgekürzt mit $A \to B$. Die Implikation ist logisch äquivalent mit dem Ausdruck $\neg A \vee B$. Ist nun die Aussage A wahr, so folgt automatisch die Aussage B.

$$((A \to B) \wedge A) \Rightarrow B \qquad (5.6)$$

Betrachten wir ein Beispiel. Gegeben sei die Regel: **Wenn** *schön*, **dann** folgt *erfolgreich*. Gegeben sei nun eine schöne Person. Dann folgt nach der Regel, dass sie auch erfolgreich ist. Der **Modus Tollens** hingegen schließt mit Hilfe des Widerspruchs und ist daher auch als Widerspruchsregel bekannt:

$$((A \to B) \wedge \neg B) \Rightarrow \neg A \qquad (5.7)$$

Aus der Regel: **Wenn** *schön*, **dann** folgt *erfolgreich*, und dem Faktum, dass eine Person nicht erfolgreich ist, können wir mit dem *Modus Tollens* schließen, dass sie nicht schön ist. Für eine detaillierte Einführung in Aussagenlogik und anderen Logiken sei auf die Literatur, z.B. von Kleine Büning *et al.* [30] oder von Schöning [49], verwiesen.

5.2 Fuzzy-Mengen und -Operatoren

Wie modellieren nun Fuzzy-Mengen unscharfe Konzepte? Betrachten wir ein Beispiel für einen unscharf formulierten Satz:

Wenn die Geschwindigkeit *sehr hoch* ist, **dann** sei die Bremskraft *stark*.

Um die Ausdrücke *sehr hoch* und *stark* modellieren zu können, wurden **Fuzzy-Mengen** eingeführt. Mit Fuzzy-Mengen können sprachliche Konzepte mit einer Funktion ausgedrückt werden, die jedem Element einer Grundmenge G eine Zugehörigkeit zuordnet. *Geschwindigkeit sehr hoch* könnte beispielsweise durch eine Funktion ausgedrückt werden, die bei 80 km/h monoton anzusteigen beginnt und ihr Maximum bei 100 km/h erreicht (siehe Abbildung 5.1). Das modellierte Konzept, hier die *Geschwindigkeit* wird als **linguistische Variable** bezeichnet. Die Ausprägungen *niedrig* oder *hoch* heißen **linguistische Terme**.

Es muss eine Grundmenge G vorliegen, die in der Regel aus numerischen Werten besteht, in unserem Beispiel aus Geschwindigkeitswerten zwischen 40 und 100 km/h. Mit Hilfe von Fuzzy-Mengen M_1 bis M_k wird nun die Menge G in k meist überlappende Bereiche in der gewünschten Grobstruktur partitioniert (siehe Abbildung 5.1). Jeder Fuzzy-Menge kann hierbei ein linguistischer Term, ein Name, zugeordnet werden, in unserem Beispiel etwa *niedrig* oder *hoch*. Mit Hilfe der die Fuzzy-Menge beschreibenden Funktion wird das Maß für die Zugehörigkeit zur Menge und somit der entsprechende Begriff

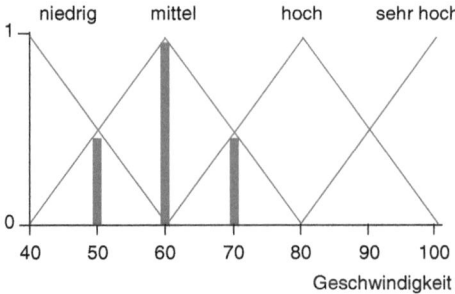

Abbildung 5.1. Typischer Weise werden Fuzzy-Mengen als Dreiecksfunktionen oder als Trapezfunktionen modelliert. Die Fuzzy-Menge *niedrig* wird hier zusätzlich diskret modelliert, dargestellt durch Balken.

definiert. Fuzzy-Mengen werden über eine **Zugehörigkeitsfunktion** μ definiert, die für jedes Element der Grundmenge G den Grad der Zugehörigkeit zur Fuzzy-Menge angibt.

Definition 5.1 (Fuzzy-Menge) *Sei G eine Grundmenge und μ eine Funktion $\mu : G \to [0; 1]$, die jedem $x \in G$ eine Zugehörigkeit $\mu(x) \in [0; 1]$ zuordnet. Dann ist die Fuzzy-Menge M definiert als die Menge aller Paare*

$$M = \{(x, \mu(x)) | x \in G\} \tag{5.8}$$

Häufig werden die Fuzzy-Mengen durch die **Dreiecksfunktion** mit der Spitze a und der Stumpfwinkligkeit b des Dreiecks beschrieben, hier über dem Intervall $[p; q] \subset \mathbb{R}$

$$\mu_{a,b} : [p; q] \to [0; 1], x \to 1 - \min(1, b \cdot |x - a|). \tag{5.9}$$

5.2 Fuzzy-Mengen und -Operatoren

Die den Intervallgrenzen zugewandten Seiten der Fuzzy-Mengen an den Rändern des Intervalls werden meist mit dem Wert 1 belegt. Weitere beliebte Formen für Fuzzy-Mengen sind die Trapezfunktion und die Gaußfunktion. Die Wahl einer geeigneten Funktion hängt von der Problemstellung und dem zu modellierenden Sachverhalt ab.

Die Grundmenge G muss nicht kontinuierlich sein. Im diskreten Fall wird genauso wie im kontinuierlichen Fall jedem Element der Grundmenge eine Zugehörigkeit zugeordnet. Wir führen folgende Schreibweise ein: Sei $G = \{x_1, x_2, \ldots x_n\}$ ein Grundbereich. Die hierauf definierte diskrete Fuzzy-Menge M wird in der Vektorschreibweise notiert durch

$$M = (a_1/x_1; a_2/x_2; \ldots; a_n/x_n). \tag{5.10}$$

Bei der Menge *mittel* aus Abbildung 5.1 könnte dies etwa

$$M = (0 / 40; 0{,}5 / 50; 1 / 60; 0{,}5 / 70; 0 / 80) \tag{5.11}$$

sein. Die Frage nach der Interpretation von Fuzzy-Mengen darf nicht mit der Wahrscheinlichkeitstheorie verwechselt werden. Die Fuzzy-Menge gibt Auskunft über die Unsicherheit, insbesondere über die Zugehörigkeit eines Elementes aus einer Grundmenge zu einem unscharfen Begriff. Die Wahrscheinlichkeit hingegen ist eine empirisch bestimmte oder formal abgeleitete Größe für das Auftreten eines Ereignisses. Ist der Benzintank eines Auto mit Wahrscheinlichkeit 0.9 leer, so ist er entweder leer – und das mit der hohen Wahrscheinlichkeit von 90% – oder er ist es eben *nicht*. Die Aussag, dass dieser Tank zum Grad 0.9 leer ist, deutet hingegen auf einen Rest im Tank hin, der das Auto noch fahrbereit sein lässt, jedoch das baldige Ansteuern einer Zapfsäule empfehlen lässt.

5.2.1 Träger, Schnitt und Kern

Im Zusammenhang mit Fuzzy-Mengen treten verschiedene Begriffe wie beispielsweise Träger, α-Schnitt und Kern von M auf. Mit Träger der Fuzzy-Menge M wird der Teil der Fuzzy-Menge bezeichnet, für den die Fuzzy-Zugehörigkeitsfunktion größer ist als 0:

$$M_T = \{x \in G | \mu_M(x) > 0\}. \tag{5.12}$$

Der Träger umfasst also alle Elemente von G, die zur Fuzzy-Menge M gehören. Eine ähnliche Definition ergibt sich für den α-Schnitt, der alle Elemente von G umfasst, die mindestens zum α-Teil zu M zugehörig sind:

$$M_\alpha = \{x \in G | \mu_M(x) \geq \alpha\} \tag{5.13}$$

Für diese Elemente $x \in M$ nimmt die Zugehörigkeitsfunktion einen Wert an, der größer ist als α. Der Teil der Fuzzy-Menge, für den die Zugehörigkeit 1 beträgt, heißt Kern von M:

$$M_K = \{x \in G | \mu_M(x) = 1\}. \tag{5.14}$$

Diese Definitionen charakterisieren die Eigenschaften von Fuzzy-Mengen und ähneln der Definition der klassischen Menge durch die charakteristische Funktion $\mathcal{X}(x)$.

5.2.2 Modifizierer

In sprachlichen Konstrukten werden linguistische Variablen oft durch so genannte Quantoren verstärkt oder aufgeweicht. Ausdrücke wie *sehr*, *im höchsten Maße* oder *äußerst* verstärken die Wirkung eines Begriffes. Durch Begriffe wie *etwas* oder *ein wenig* werden Begriffe aufgeweicht. Bei Fuzzy-Mengen ist diese Veränderung durch so genannte Modifizierer realisierbar. Eine Konzentration oder Verstärkung durch Quantoren wie *sehr* ($n = 2$) oder *im höchsten Maße* ($n > 2$) ist etwa durch Potenzierung der Zugehörigkeitsfunktion möglich

$$\mu(x)' = (\mu(x))^n, \text{ mit } n > 1 \qquad (5.15)$$

Eine Aufweichung durch sprachliche Konstrukte wie *etwas* oder *ein wenig* kann durch

$$\mu(x)' = \sqrt[n]{\mu(x)} \qquad (5.16)$$

mit $n > 1$ realisiert werden.

5.2.3 Operationen auf Fuzzy-Mengen

Die Aussagenlogik basiert auf den Operatoren Konjunktion $\wedge$, Disjunktion $\vee$ und Negation $\neg$. Ähnliche Operatoren sind für die Fuzzy-Logik definiert. Da die Fuzzy-Logik auf Mengen von Zugehörigkeitswerten operiert, werden die logischen Operatoren als Mengen-Operationen Schnitt $\cap$, Vereinigung $\cup$ und Komplement $\overline{M}$ aufgefasst. Die **Konjunktion** wird mit Hilfe einer so genannten t-Norm − einem Satz von Axiomen − definiert und kann auf verschiedene Weisen realisiert werden. Die Mengenoperationen müssen stets Zugehörigkeitsfunktionen im Bildbereich $[0; 1]$ liefern. Zu den gebräuchlichsten **t-Normen** gehören das algebraische Produkt oder der Minimum-Operator. Die Definition mit Hilfe des letzteren erfolgt beispielsweise auf folgende Weise. Den Schnitt $M_1 \cap M_2$ der Fuzzy-Mengen M_1 und M_2 definieren wir über die Zugehörigkeitsfunktion

84 5 Fuzzy-Logik

$$\mu_{M_1 \cap M_2}(x) = \min(\mu_{M_1}(x), \mu_{M_2}(x)) \quad \forall x \in G. \quad (5.17)$$

Letzterer sei einmal beispielhaft für die beiden Mengen
$M_1 = (1/1; 4/2; 3/3)$ und $M_2 = (2/1; 3/2; 1/3)$ gezeigt:

$$M_1 \cap M_2 = (1/1; 3/2; 1/3). \quad (5.18)$$

Die **Vereinigung** $V = M_1 \cup M_2$, auch als **s-Norm** bezeichnet, wird ähnlich der vorherigen Definition über das Maximum definiert

$$\mu_{M_1 \cup M_2}(x) = \max(\mu_{M_1}(x), \mu_{M_2}(x)) \quad \forall x \in G, \quad (5.19)$$

während die Definition des **Komplements** $\overline{M}$ wie folgt Sinn macht

$$\mu_{\overline{M}}(x) = 1 - \mu_M(x) \quad \forall x \in G. \quad (5.20)$$

Gelten für Fuzzy-Mengen auch die **De Morgan'schen Gesetze** wie für klassische Mengen? Wir überprüfen, ob das Gesetz $\overline{M_1 \cap M_2} = \overline{M_1} \cup \overline{M_2}$ mit Hilfe der gerade vorgestellten über die Zugehörigkeitsfunktionen angegebenen Definitionen gilt. $\overline{M_1 \cap M_2}$ heißt

$$1 - \min(\mu_{M_1}(x), \mu_{M_2}(x)). \quad (5.21)$$

Die De Morgan'schen Gesetze gelten für die Funktionen min und max. Wir erhalten

$$\max(1 - \mu_{M_1}(x), 1 - \mu_{M_2}(x)), \quad (5.22)$$

was dem erwünschten Ausdruck $\overline{M_1} \cup \overline{M_2}$ entspricht. Zu definieren wäre noch die Gleichheit zweier Fuzzy-Mengen M_1 und M_2. Auch dies ist mit der Zugehörigkeitsfunktion einfach möglich:

$$M_1 = M_2 :\Longleftrightarrow \mu_{M_1}(x) = \mu_{M_2}(x) \quad \forall x \in G. \tag{5.23}$$

Eine **Teilmengenbeziehung** liegt vor, wenn die Zugehörigkeit jedes Elementes der enthaltenen Menge kleiner oder gleich der Obermenge ist

$$M_1 \subseteq M_2 :\Longleftrightarrow \mu_{M_1}(x) \leq \mu_{M_2}(x) \quad \forall x \in G. \tag{5.24}$$

Eine **Fuzzy-Relation** Ω lässt sich analog zu scharfen Mengen definieren als eine Teilmenge des Kreuzproduktes der entsprechenden Fuzzy-Mengen. Das sieht in der mathematischen Notation wie folgt aus

$$\Omega \subset M_1 \times \ldots \times M_n = \{(x_1, \ldots, x_n) | x_1 \in M_1, \ldots, x_n \in M_n\}.$$

5.3 Approximatives Schließen

Mit Fuzzy-Mengen haben wir ein Konzept zur Formulierung unscharfer Aussagen kennen gelernt. Der menschlichen Kognition sind Schlussfolgerungsprozesse mit Hilfe unscharf formulierten Wissens möglich. In diesem Abschnitt werden die Grundlagen unscharfer Inferenz, des so genannten approximativen Schließens, vorgestellt.

5.3.1 Fuzzy Modus Ponens

In der klassischen Logik erfolgt der Inferenzschritt mit Hilfe des *Modus Ponens*. Um in der Fuzzy-Logik schlussfolgern zu können, müssen wir eine Fuzzy-Variante des *Modus Ponens* definieren. Hierzu betrachten wir den verallgemeinerten **Fuzzy Modus Ponens**. Die Prämisse laute

$$x \text{ ist } A'. \tag{5.25}$$

Die Implikation lautet nun A

$$\textbf{Wenn } x \text{ ist } A, \textbf{ dann } y \text{ ist } B. \tag{5.26}$$

Dann lautet die Inferenz

$$y \text{ ist } B'. \tag{5.27}$$

Es stellt sich die Frage, welche Konsequenz sich für die Konklusion ergibt, wenn die Prämisse unscharf ist. Wie sieht nun die Schlussfolgerung aus? Hierzu betrachten wir ein Beispiel. Die Regel laute „**Wenn** die Geschwindigkeit *sehr hoch* ist, **dann** sei die Bremskraft *stark*". Angenommen die Prämisse laute „Die Geschwindigkeit ist *hoch*". Dann sollte die Bremskraft *mittelmäßig* ausfallen.

Diese unscharfe Inferenz ist der Kern des approximativen Schließens. Sie ergibt sich durch die Verknüpfung der Eingabe-Fuzzy-Menge A' mit der Relation $A \to B$:

$$B' = A' \circ (A \to B). \tag{5.28}$$

Die Implikation wird als Relation $\Omega \subset A \times B$ aufgefasst. Sie kann auf verschiedene Weisen implementiert werden (siehe Abschnitt 5.3.2).

5.3 Approximatives Schließen

Führen wir beispielhaft einen approximativen Schluss mit Hilfe der **Max-Min-Inferenz** für einen diskreten Beispielfall aus. Dazu benötigen wir eine Fuzzy-Assoziativ-Matrix M, die die vollständige Menge aller paarweisen Implikationen zweier Fuzzy-Mengen A und B darstellt:

$$M = \begin{pmatrix} a_1 \to b_1 & a_1 \to b_2 & \ldots \\ a_2 \to b_1 & a_2 \to b_2 & \ldots \\ \ldots & \ldots & \ldots \end{pmatrix}. \tag{5.29}$$

Bei der Max-Min-Inferenz definieren wir die Implikation über das Minimum

$$M = m_{ij} = \min(\mu_A(x_i), \mu_B(x_j)). \tag{5.30}$$

Gegeben seien die Fuzzy-Mengen A und B auf dem Grundbereich $X = \{x_1, x_2, x_3\}$.

$$A = 0,4/x_1 + 1/x_2 + 0,4/x_3, \tag{5.31}$$
$$B = 0/x_1 + 0,5/x_2 + 1/x_3. \tag{5.32}$$

Zuerst berechnen wir M:

$$M = A \times B = \begin{pmatrix} 0,0 & 0,4 & 0,4 \\ 0,0 & 0,5 & 1,0 \\ 0,0 & 0,4 & 0,4 \end{pmatrix}. \tag{5.33}$$

Sei nun $A' = (0/x_1 + 0,5/x_2 + 0/x_3)$ die Eingabe-Fuzzy-Menge. Zu berechnen ist $B' = A' \circ M$, bei der Max-Min-Inferenz:

$$A \circ M = \left(\max_{1 \leq i \leq n} \min(\mu_A(x_i), m_{ij}) \right)_{1 \leq j \leq n} \tag{5.34}$$

und es ergibt sich schließlich

$$B' = A' \circ M = (0{,}0/x_1 + 0{,}5/x_2 + 0{,}5/x_3). \tag{5.35}$$

Wir haben beispielhaft die Max-Min-Inferenz durchgeführt. Gibt es auch andere Definitionen der Implikation?

5.3.2 Fuzzy-Implikation

Bei der Inferenz haben wir die Implikation verwendet. Bei der Max-Min-Inferenz wird die Implikation über das Minimum definiert. Das Minimum ist als Mamdani-Implikation bekannt

$$\text{Imp}(x, y) = \min(x, y) \tag{5.36}$$

und basiert auf der Idee, dass der Wahrheitsgehalt der Konklusion nicht größer sein sollte als der Wahrheitsgehalt der Prämisse. In der Literatur sind noch zahlreiche weitere Implikations-Variationen $A \to B$ bekannt, die verschiedene Bedeutungen haben und problemangemessen gewählt werden können. Berühmt ist die Kleene/Dienes-Implikation, die definiert ist als

$$\text{Imp}(x, y) = \max(1 - x, y). \tag{5.37}$$

Erwähnenswert ist weiterhin die Definition von Łukasiewicz

$$\text{Imp}(x, y) = \min(1, 1 - x + y). \tag{5.38}$$

Diese unterschiedlichen Realisierungen der Implikation ermöglichen, Inferenzsysteme zu konstruieren, die unterschiedliche Eigenschaften aufweisen. Im Folgenden werden wir den

Aufbau solch eines Gesamtsystems kennen lernen, der als Fuzzy-Regler bekannt ist.

5.4 Fuzzy-Regler

Beim Regeln besteht die Aufgabe darin, einen Parameter auf einen Sollwert einzustellen. Als Eingabe erhält der Regler den Istwert des Systems, als Ausgabe kontrolliert er seinen Sollwert. Innerhalb eines Regelkreises ermittelt der Regler somit die so genannte Regeldifferenz, d.h. die Abweichung zwischen Ist- und Sollwert. Die Regelabweichung soll möglichst zügig minimiert werden. Abbildung 5.2 zeigt die Architektur eines Fuzzy-Reglers. Der Regler erhält als Eingabe den Ist-Zustand als scharfen Wert und soll das System aufgrund einer Reihe von modellierten Fuzzy-Regeln steuern. Der Inferenzprozess erfolgt in mehreren Schritten. Zuerst wird der Bedingungsteil, also der **Wenn**-Teil der Regel, ausgewertet. Hierzu wird für jede Regel R das Maß an Übereinstimmung mit der Eingabe bestimmt. Im nächsten Schritt, der Implikation, bestimmt diese Übereinstimmung die Ausgabe durch Verknüpfung mit dem Ausgabeteil der Regel R. Jetzt werden im Aggregationsschritt die Ausgaben aller Regeln zu einer Gesamtausgabe vereint. Aus dieser Fuzzy-Menge wird schließlich durch Defuzzifizierung ein scharfer Ausgabewert bestimmt. Abbildung 5.3 zeigt die Arbeitsweise eines Fuzzy-Reglers. Zu den bekanntesten Fuzzy-Reglern gehört der Mamdani-Regler.

5.4.1 Fuzzy-Wenn-Dann-Regelbasis

Grundlage der Fuzzy-Inferenz ist eine Menge von Regeln, **Regelbasis** genannt. Wir betrachten n Fuzzy-Regeln R_i mit je m Prämissen der Form:

5 Fuzzy-Logik

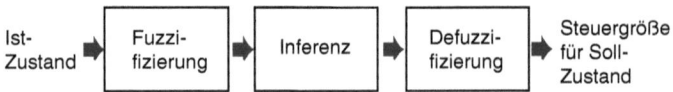

Abbildung 5.2. Architektur eines Fuzzy-Reglers. Nach der Fuzzifizierung des Eingabewertes erfolgt die Fuzzy-Inferenz. Schließlich muss die Ausgabe-Fuzzy-Menge in einen **scharfen** Ausgabewert defuzzifiziert werden.

Wenn x_1 ist A_1 und ... x_m ist A_m, **dann** y ist B. (5.39)

Das Maß der Übereinstimmung der Eingabevariablen x_1 bis x_m mit den Prämissen A_1 bis A_m bedingt dabei die Konklusion B. Der Erfüllungsgrad der Prämissen jeder Regel wird berechnet, indem ihr Zugehörigkeitsgrad $\mu_i(x_i)$ bestimmt wird. Der Erfüllungsgrad τ_R der Gesamtprämisse einer Regel R ergibt sich nach konjunktiver Verknüpfung. Diese wird wie wir bereits gesehen haben mit der t-Norm ausgedrückt und kann mit Hilfe des Minimums berechnet werden

$$\tau_R = \min(\mu_1(x_1), \ldots, \mu_n(x_n)). \quad (5.40)$$

Nachdem wir die Prämissen der Regel R ausgewertet haben, müssen wir nun die Inferenz durchführen. Durch Inferenz erzeugt die betrachtete Regel R eine Ausgabe-Fuzzy-Menge B'_R:

$$b'_R : y \rightarrow \min(\tau_R, b_R(y)) \quad (5.41)$$

wobei hier $b_R(y)$ die Zugehörigkeitsfunktion der Konklusions-Fuzzy-Menge B der Regel R darstellt. Abbildung 5.3 verdeutlicht die Situation. Die Geschwindigkeit von 55 km/h aktiviert die Regeln R_1 und R_2. Betrachten wir die Regel R_1. Der Erfüllungsgrad der Prämisse von Regel R_1 wird durch die einzige Fuzzy-Menge ihrer Prämisse, nämlich A_1, bestimmt. Auf der rechten Seite von Abbildung 5.3 sehen wir die Auswirkung auf die Konklusionsmenge B_1. Sie wird in der Höhe abgeschnitten, die durch den Erfüllungsgrad der Prämisse gegeben ist.

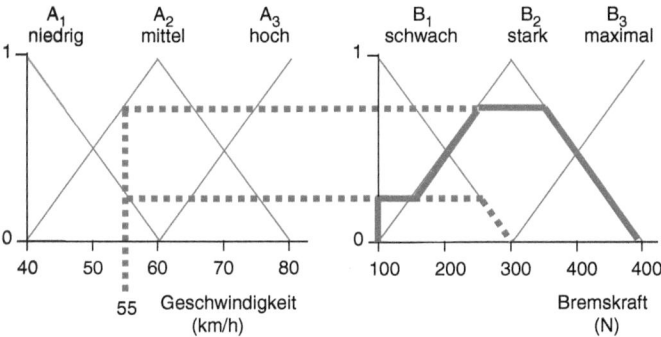

Abbildung 5.3. Visualisierung des Fuzzy-Inferenzprozesses. Zur Eingabe-Fuzzy-Menge *niedrig* gehört die Ausgabe-Fuzzy-Menge *schwach*, zu *mittel* gehört *stark* und zu *hoch* gehört *maximal*.

5.4.2 Aggregation

Nun bleibt die gesamte Ausgabe-Fuzzy-Menge zu bestimmen, indem die einzelnen Ausgabe-Fuzzy-Mengen $B_1, \ldots, B_n$

miteinander verknüpft werden. Um dabei die Ausgabe jeder Einzelregel zu berücksichtigen, werden diese disjunktiv, also mit Hilfe des Maximums, verbunden

$$b' : y \to \max_{R \in \{1,...,n\}} \min(\tau_R, b_R(y)). \qquad (5.42)$$

Verwendet man wie hier dargestellt die Mamdani-Implikation, sprechen wir von **Max-Min-Inferenz**. Betrachten wir wieder unser Beispiel aus Abbildung 5.3. Die durch den Erfüllungsgrad ihrer Prämissen abgeschnittenen Konklusionsmengen B_1 und B_2 werden durch die Aggregation vereinigt. Es entsteht eine Fuzzy-Menge, die die Gesamtausgabe des Inferenzsystems darstellt.

5.4.3 Defuzzifizierung

Schließlich muss die durch die Fuzzy-Inferenz erzeugte Ausgabe-Fuzzy-Menge in einen scharfen Wert umgerechnet werden, der als Reglerausgabe dient. Diese Umrechnung heißt Defuzzifizierung. Die drei wichtigsten Defuzzifizierungs-Verfahren sind die Maximum-Kriterium-Methode, die Mittelwert-Maximum-Methode und die Schwerpunktmethode. Nach der **Max-Kriterium-Methode** kann als Ausgabewert ein beliebiger Wert $y_a \in B$ bestimmt werden, für den die Fuzzy-Menge B ihren maximalen Zugehörigkeitsgrad annimmt. Nach der **Mittelwert-Maximum-Methode** wird als Ausgabewert der Mittelwert der Teilmenge angenommen, für die die Fuzzy-Menge ihr Maximum annimmt. Wir betrachten hier den diskreten Fall:

$$y_m = \frac{1}{|\max\{\mu(x_i)|x_i \in B\}|} \sum_{y \in \max\{\mu(x_i)|x_i \in B\}} y \qquad (5.43)$$

Schließlich wird nach der **Schwerpunktmethode** der defuzzifizierte Wert bestimmt, indem der Schwerpunkt der unter der Ausgabe-Fuzzy-Menge liegenden Fläche berechnet wird:

$$y_s = \frac{\sum_{x_i \in B} \mu(x_i) \cdot x_i}{\sum_{x_i \in B} \mu(x_i)} \qquad (5.44)$$

Der Ausgabewert dieser Methode ist nicht unbedingt ein Punkt, an dem die Ausgabe-Fuzzy-Menge maximal ist. Jedoch wird mit der Schwerpunktmethode meist ein glatteres Regelverhalten ermöglicht als mit den anderen beiden Methoden, die häufig ein Springen des Ausgabewertes bei leicht unterschiedlichen Eingaben bewirken. Abbildung 5.4 zeigt die Ausgaben y_m und y_s für eine Beispiel-Fuzzy-Menge. Wichtig ist die Auswahl einer für die jeweilige Anwendung geeignete Defuzzifizierungsmethode. Die Schwerpunktmethode etwa ist ungeeignet, wenn der Regler eine klare Entscheidung für eine der möglichen Alternativen treffen muss und eine Kompromisslösung unmöglich

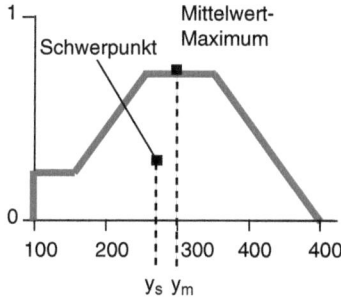

Abbildung 5.4. Die Defuzzifizierungsmethode **Mittelwert-Maximum** und die **Schwerpunktmethode** erzeugen unterschiedliche Ausgabewerte.

ist. Dies kann beispielsweise bei der Navigation um Objekte der Fall sein: Das System muss sich entweder für einen Weg links oder rechts um ein Hindernis entscheiden. Ein Kompromiss hätte eine Kollision zur Folge.

Beispiel: Inverses Pendel

Fuzzy-Systeme haben sich bereits in der Industrie als ernstzunehmende Regelsysteme etabliert. Auch in die Alltagselektronik haben Fuzzy-Controller Einzug erhalten, z.B. bei Waschmaschinen. Ein berühmtes Fuzzy-Inferenz-Testszenario ist das inverse Pendel, auch als Stabbalance-Problem bekannt. Dabei wird ein Stab aufrecht auf einem in zwei Richtungen beweglichen Wagen balanciert. Der Stab ist mit dem Wagen über ein Gelenk befestigt und ermöglicht seine Rotation um die zum Boden parallele und zur Bewegungsrichtung des Wagens orthogonale Achse. Die Aufgabe des Systems besteht darin, eine Kraft auf den Wagen so zu dosieren, dass durch die verursachte Bewegung der Stab aufrecht balanciert wird ohne umzufallen. Das Verhalten des Systems lässt sich durch einfache Gleichungen leicht simulieren. Dieses Beispiel ist ein häufig betrachtetes Regelproblem, für das insbesondere der typische Mamdani-Regler erfolgreich eingesetzt wurde. Der Mamdani-Regler bekommt als Eingabegrößen die Auslenkung und die Drehgeschwindigkeit des Pendels. Die zu regelnde Ausgabegröße ist die Kraft auf den Wagen. Werden diese Größen als linguistische Variablen modelliert, kann ein erfolgreicher Fuzzy-Regler konstruiert werden, der das Pendel in der Waage hält. Es hat sich gezeigt, dass die Variablen *Auslenkung* und *Kraft* um den Nullpunkt herum besonders granular aufgelöst werden sollten, damit bereits kleine Auslenkungen ausgeglichen werden können. Das heißt, die Fuzzy-Mengen sollten an diesen Stellen kleine Träger haben. Ein neuerer Ansatz von Brockmann [5] verwendet eine Hybridisierung von Neuro-Fuzzy- und Immunsystemen. Letzteres (siehe auch Kapitel 4) wird dazu verwendet, die Regeln zu glätten und auf diese Weise die Konvergenz des Lernverfahrens zu stabilisieren. Nach wenigen Sekunden hat das System bereits die Fuzzy-Regeln in der Art angepasst, dass der Stab balanciert wird.

5.5 Fuzzy-Clustern

Mit Hilfe von Fuzzy-Mengen lassen sich auch *Cluster*-Probleme lösen. Aufgabe des *Clusterns* ist, eine Menge von Daten mit ähnlichen Eigenschaften zu gruppieren und demselben *Cluster* zuzuordnen (siehe Abbildung 5.5). Nahe beieinander liegende Datenpunkte haben ähnliche Eigenschaften und sollen in gemeinsame *Cluster* gruppiert werden. Ein optimales *Cluster*-Ergebnis hat dabei folgende Eigenschaften:

- Die Elemente *eines Clusters* sind untereinander **homogen**, weisen also ähnliche Eigenschaften auf.
- Die Elemente *verschiedener Cluster* sind **heterogen** mit unterschiedlichen Eigenschaften.

Das Ähnlichkeitsmaß hängt von den zu *clusternden* Daten ab. In den meisten Fällen handelt es sich um numerische Daten und es wird die euklidische Distanz verwendet (siehe Gleichung 4.2). In der Regel ist zu Beginn nicht bekannt, welche *Cluster* existieren und welche Eigenschaften die Datenelemente dieser *Cluster* haben. Allenfalls eine Angabe der Anzahl der *Cluster* kann bei einigen der Verfahren von Beginn an nötig sein, insbesondere bei k-Means.

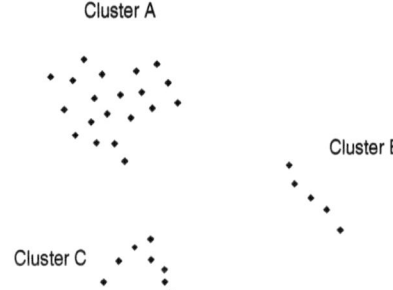

Abbildung 5.5. Ziel eines *Cluster*-Algorithmus ist ein Ergebnis, das Homogenität innerhalb eines *Clusters* und Heterogenität zwischen den Elementen unterschiedlicher Cluster aufweist.

5.5.1 Clustern mit k-Means

Wir stellen uns vor, dass wir im d-dimensionalen euklidischen Datenraum N Daten $\{x_1, \ldots, x_N\}$ *clustern* wollen. Beim k-Means Verfahren legen wir zu Beginn des *Clusterns* die Anzahl der *Cluster* auf k fest. Jedes *Cluster* C_j wird durch ein *Cluster*-Zentrum c_j beschrieben, das den Schwerpunkt aller zugeordneten Daten bildet. Wenn das Element x_i dem *Cluster* C_j zugeordnet ist, setzen wir die Indikatorvariable $r_{ij} = 1$, sonst $r_{ij} = 0$. Die Idee von k-Means liegt darin, die *Cluster*-Zentren c_j im Datenraum so zu positionieren, dass die Summe aller Distanzen

$$D = \sum_{i=1}^{N} \sum_{j=1}^{k} r_{ij} \|x_i - c_j\|^2 \qquad (5.45)$$

zwischen Datenelementen und *Cluster*-Zentren minimal wird. Dies entspricht weitgehend der Intuition: Wenn die Abstände zwischen den Daten und den *Cluster*-Zentren minimal sind, dann sollten Ansammlungen von Daten durch ein oder mehrere Zentren repräsentiert sein, während weiter entfernte Datenansammlungen zu anderen Zentren gehören.

Um die Summe der Distanzen D zu minimieren, geht k-Means iterativ vor. Zu Beginn werden k initiale *Cluster*-Zentren c_j zufällig gewählt. Nun geht das Verfahren in jeder Iteration zweischrittig vor. Zuerst wird jedem Datenelement x_i das *Cluster* C_j zugeordnet, zu dem es minimale euklidische Distanz besitzt:

$$j = \arg \min_{m=1,\ldots,k} \|x_i - c_m\|^2. \tag{5.46}$$

Dann gilt $r_{ij} = 1$. Auf diese Weise wird D minimiert, während die *Cluster*-Zentren c_j nicht verändert werden. Im nächsten Schritt werden die *Cluster*-Zentren neu berechnet und die *Cluster*-Zuordnung wird nicht verändert. D ist quadratisch und kann nach c_j abgeleitet werden. Setzen wir die Ableitung gleich null, erhalten wir

$$2 \cdot \sum_{i=1}^{N} r_{ij}(x_i - c_j) = 0. \tag{5.47}$$

Die Lösung dieser Gleichung ist

$$c_j = \frac{\sum_{i=1}^{N} r_{ij} x_i}{\sum_{i=1}^{N} r_{ij}} \tag{5.48}$$

Dieser Ausdruck entspricht dem Schwerpunkt oder *Mittel* der Datenpunkte und gibt dem Verfahren seinen Namen. Der Algorithmus endet, wenn sich die *Cluster*-Zuordnung nicht mehr ändert, bzw. die Änderung der *Cluster*-Zentren von einer Iteration zur nächsten einen Schwellwert ϵ unterschreitet. Andernfalls werden die Schritte wiederholt. Der Algorithmus k-Means konvergiert, kann allerdings in lokalen Optima stecken bleiben.

5.5.2 Fuzzy-k-Means

Die Idee von Fuzzy-k-Means ist nun, dass jedes der N Datenelemente x_i nicht mehr nur einem *Cluster* zugeordnet wird, sondern *jedem Cluster* mit einer gewissen **Zugehörigkeit** $\mu_{ij}(x)$. Statt nun für alle Datenelemente die Distanz zum *Cluster*-Zentrum zu minimieren, wird die Distanz jedes Elementes noch mit der Zugehörigkeit zum *Cluster*-Zentrum μ_{ij} multipliziert. Minimiert werden soll also

$$D = \sum_{i=1}^{N} \sum_{j=1}^{k} \mu_{ij}^m \|x_i - c_j\|^2 \qquad (5.49)$$

mit dem Modifizierer $m > 1$. Diese Minimierung lässt sich zum Beispiel mit Lagrange-Multiplikatoren lösen und führt dann zu folgender Zugehörigkeitsfunktion:

$$\mu_{ij} = \frac{1}{\sum_{l=1}^{k} \left(\frac{\|x_i - c_j\|}{\|x_i - c_l\|} \right)^{\frac{2}{m-1}}} \qquad (5.50)$$

Die *Cluster*-Zentren ergeben sich dann umgekehrt nach der Gleichung:

$$c_j = \frac{\sum_{i=1}^{N} \mu_{ij}^m \cdot x_i}{\sum_{i=1}^{N} \mu_{ij}^m}. \qquad (5.51)$$

Nach Initialisierung der Zugehörigkeiten μ_{ij} werden in jedem Schritt abwechselnd nach Gleichung 5.51 die *Cluster*-Zentren berechnet und daraufhin nach Gleichung 5.50 die Zugehörigkeiten zu den *Clustern* aktualisiert. Wie bei k-Means werden diese beiden Schritte abwechselnd so lange ausgeführt, bis die Summe der Änderungen der Zugehörigkeitswerte μ_{ij} einen Wert ϵ unterschreiten. In einigen Experimenten konnte gezeigt werden, dass Fuzzy-k-Means bessere Ergebnisse liefert als k-Means selber. Eine Verbesserung ist vor allem festzustellen, wenn zwei Cluster unterschiedlicher Volumina nahe beieinander liegen. Die Zugehörigkeitsfunktion sorgt für einen nichtproportionalen Einfluss der Distanzen und somit zu einer klareren Trennung entfernter Punkte bei der Formulierung als Optimierungsproblem.

Literaturempfehlung

HÖPPNER, F.; KLAWONN, F.; KRUSE, R.: *Fuzzy Clusteranalyse*. Vieweg, 1997, [27].

KLEINE BÜNING, H.; LETTMANN, T.: *Aussagenlogik: Deduktion und Algorithmen*. Teubner, 1994, [30].

KLIR, G.J; YUAN, B.: *Fuzzy Sets and Fuzzy Logic*. MIT Press, 1995, [31].

RUTKOWSKI, L.: *Computational Intelligence - Methods and Techniques* Springer, 2008, [48].

SCHÖNING, U.: *Logik für Informatiker*. Spektrum Akademischer Verlag, 2000, [49].

6
Reinforcement Learning

Die Steuerung des Verhaltens künstlicher Systeme ist eine wichtige Aufgabe in vielen Problembereichen, von der Robotersteuerung bis zu Computerspielagenten. Lernen durch Belohnung, bekannter als *Reinforcement Learning*, ermöglicht einem künstlichen Agenten, auf Basis von Belohnung und Bestrafung, sein Verhalten an die Umgebung anzupassen. **Reinforcement Learning** gehört zur Klasse der naturinspirierten Verfahren. Bei Lebewesen ist das Prinzip von Belohnung bei positivem und Bestrafung bei negativem Verhalten von fundamentaler Bedeutung. Dieses als Lernen mit Lehrer bekannte Prinzip wird heutzutage für Steuerungs- und Regelungsaufgaben erfolgreich durch zahlreiche *Reinforcement Learning*-Varianten algorithmisch umgesetzt.

Über verschiedene Sensoren wie Kameras oder Tastsensoren sammelt ein Agent Informationen über seine Umwelt, um sie intern weiterzuverarbeiten. Er muss aufgrund dieser Daten Entscheidungen treffen, welche Aktionen durchzuführen sind, um ein definiertes Ziel zu erreichen. Eine Aktion besteht beispielsweise darin, mit seinen Greifarmen einen Gegenstand aufzunehmen. Wie kann sich nun ein Agent für eine geeignete Handlung entscheiden, die ihn seinem Ziel näher bringt? Während er sich in seiner Umgebung bewegt, speichert er die dabei beobachteten Belohnungen in seinem Gedächtnis. Belohnt werden alle erfolgreichen Aktionen, die ihn seinem Ziel näher bringen. Die Grundidee von *Reinforcement Learning* ist, mit Hilfe dieser Beobachtungen Aktionen auszuwählen, die dem Agenten möglichst viele Belohnungen versprechen. In vielen Anwendungen wurde *Reinforcement Learning* erfolgreich eingesetzt, z.B. als Regler für mechatronische Systeme oder zur Steuerung von Computerspiel-Agenten in dynamischen Szenarien. Insbesondere in der Robotik ist *Reinforcement Learning* eine erfolgreiche Methode, um flexible und lernfähige Steuerungen zu konstruieren.

6.1 Markov-Entscheidungsprozess

Zunächst werden wir verschiedene Begriffe definieren, die im Bereich des *Reinforcement Learnings* verwendet werden. Ein Agent ist ein in einer Umgebung handelndes Subjekt mit einem definierten Ziel (siehe Abbildung 6.1). Er handelt auf Basis interner Zustände. Ein solcher **Zustand** $s \in \mathcal{S}$ eines Agenten wird durch Eigenschaften der Umgebung definiert wie etwa seine Position auf einer Karte. Die Menge aller möglichen Zustände $\mathcal{S}$ wird als **Zustandsraum** bezeichnet. Ausgehend von jedem Zustand $s \in \mathcal{S}$ hat der Agent die Möglichkeit, durch Ausführung einer **Aktion** $a \in \mathcal{A}$ der möglichen Aktionen $\mathcal{A}$ in einen Nachfolgezustand zu gelangen. Die entsprechende Funktion, die die Zustandsübergänge bei Ausführung der Aktionen definiert, ist die **Zustandsübergangsfunktion** $\delta : \mathcal{S} \times \mathcal{A} \rightarrow \mathcal{S}$ und wird häufig mit $\delta(s, a) = s'$ bezeichnet.

Grundlage bei der Modellierung der meisten Umgebungen ist die **Markov-Eigenschaft**. Diese besagt, dass der

6.1 Markov-Entscheidungsprozess 103

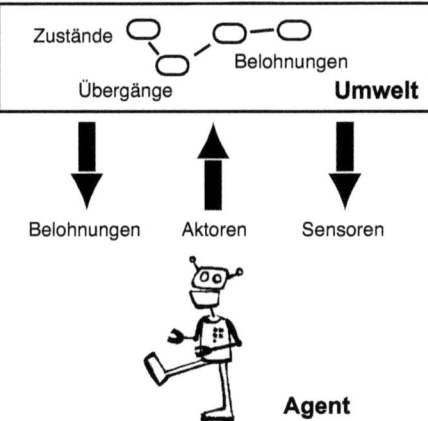

Abbildung 6.1. Situation beim *Reinforcement Learning*: Der Agent erhält über seine Sensoren Informationen über die Umwelt. Er kann seine Aktoren, wie z.b. Greifarme benutzen, um in der Umwelt zu handeln. Belohnungen helfen ihm, seine zukünftigen Aktionen zu planen.

Folgezustand des Agenten nur vom aktuellen Zustand und der aktuellen Aktion abhängt, nicht jedoch von den vergangenen Zuständen des Agenten.

$$\delta(s, a \mid s_1, \ldots, s_k) = \delta(s, a) \tag{6.1}$$

Hierbei sei $s_1, \ldots, s_k$ die Folge vergangener Zustände. In deterministischen Umgebungen ist der Nachfolgezustand bekannt und durch δ eindeutig definiert. In stochastischen Umgebungen kann sich der Agent nicht uneingeschränkt sicher sein, in welchen Nachfolgezustand er bei Ausführung einer Aktion gerät. Um dort trotzdem handlungsfähig zu sein, wird eine Wahrscheinlichkeitsverteilung verwendet, mit deren Hilfe der Nachfolgezustand geschätzt wird. Die Wahrscheinlichkeit, im Zustand s durch Ausführung der Aktion a in Zustand s' zu gelangen, beträgt $p(s, a, s')$. Die **Verhaltensstrategie** π eines Agenten, auch als *Policy* bezeichnet, ist eine Funktion $\pi(s) = a$, die zu jedem Zustand s eine Aktion a liefert.

Wir gehen davon aus, dass der Agent handelt, um ein Ziel zu verfolgen und nicht nur planlos umherzuirren. Um dieses Ziel zu erreichen benötigt er ein Lehrersignal, ähnlich der Qualitätsfunktionen, die wir schon von den evolutionären, schwarmbasierten und Immunsystem-Ansätzen kennen. Beim *Reinforcement Learning* müssen Belohnungen im Zustandsraum verteilt werden, damit der Agent zielgerichtet handeln kann. Hat der Agent ein Teilziel erreicht, wird ihm dieser Erfolg durch eine entsprechende Belohnung mitgeteilt. In unserem Modell sprechen wir davon, dass der Agent beim Übergang vom Zustand s in den Zustand s' durch Ausführung der Aktion a eine Belohnung $r(s, a)$ erhält. Die Belohnungsfunktion $r : \mathcal{S} \times \mathcal{A} \to \mathbb{R}$ modelliert diese Belohnungen bei den Zustandsübergängen.

6.2 Value Iteration

Wir nehmen an, dass dem Agenten die Umwelt vollständig bekannt ist, d.h. dass er den Zustandsraum $\mathcal{S}$, die Zustandsübergangsfunktion $\delta(s, a)$, die zugehörigen Wahrscheinlichkeiten $p(s, a, s')$ und die Belohnungen $r(s, a)$ kennt. Ziel des *Reinforcement Learnings* ist, die Verhaltensstrategie π zu lernen, die die Summe aller Belohnungen maximiert. Die optimale Strategie maximiert die erwarteten Belohnungen, die der Agent bei der Bewegung durch den Zustandsraum erhält [54]. Wie kann der Agent aus den Informationen die optimale Verhaltensstrategie π^* ermitteln?

6.2.1 Dynamische Programmierung

Die Lösung dieses Problems kommt aus dem Bereich der dynamischen Programmierung. Die optimale Verhaltensstrategie des Agenten setzt sich aus optimalen Teilstrategien kleinerer Größe zusammen: Der Agent kann die optimale Strategie ermitteln, indem er jedem Zustand einen Wert $V^*(s)$ zuordnet, der auf die maximal mögliche Belohnung dieses Zustandes hinweist. Steht diese Information zur Verfügung, so kann er im Zustand s unter allen möglichen Folgezuständen $\mathcal{S}' = \bigcup_{a \in \mathcal{A}} \delta(s, a)$ den mit der höchsten zu erwartenden Belohnung wählen. Nun müssen wir uns überlegen, wie die maximal mögliche Belohnung aussieht. Der Agent erhält bei Ausführung der Aktion a die Belohnung $r(s, a)$. Danach sollte er wieder die Aktion mit der maximalen Belohnung wählen. Also sollte er im aktuellen Zustand s die Aktion wählen, die die Summe aus der aktuellen Belohnung und die maximale Belohnung des Folgezustandes maximiert. Diese Belohnungssumme ordnen wir dem Zustand s zu.

$$V^*(s) = \max_{a \in \mathcal{A}} \left(\sum_{s' \in \mathcal{S}} p(s, a, s')(r(s, a) + \gamma V^*(s')) \right). \quad (6.2)$$

Hierbei handelt es sich um eine rekursive Gleichung: der Zustandswert von s ist von den Werten der Folgezustände abhängig. Das Verfahren **Value Iteration** berechnet V^*, indem iterativ für jeden Zustand $s \in \mathcal{S}$ Gleichung 6.2 ausgewertet wird. Da $V^*(s')$ nicht bekannt ist, verwendet *Value Iteration* jedoch in jeder Iteration die aktuell bekannte Schätzung des Nachfolgezustandes $V(s')$. Auf diese Weise wird die optimale Strategie π^* approximiert. Die Folgezustände fließen in den Zustandswert nur abgeschwächt ein, nämlich um den Faktor $\gamma < 1$. Man bezeichnet γ auch als **Diskontierungsfaktor**. Dass die Folgezustände voll in die Bewertung einfließen ist nicht erwünscht, denn sie sind möglicher Weise in frühen Iterationen noch unvorteilhaft geschätzt worden. Lokale Information sollte mit höherem Gewicht in die Bewertung einfließen. Um zwischen der aktuellen Situation und den Folgezuständen erfolgreich zu balancieren, müssen wir also γ mit Sorgfalt wählen.

Abbildung 6.2 zeigt den Ablauf des Verfahrens. In jeder Iteration wird für alle Zustände $s \in \mathcal{S}$ die Wertfunktion $V(s)$ mit Hilfe von Gleichung 6.2 aktualisiert. Die Abbruchbedingung ist erreicht, sobald der größte Unterschied Δ bei der Anpassung aller Zustandswerte V einer Iteration kleiner ist als ein zu definierender Schwellwert θ. Es kann bewiesen werden, dass *Value Iteration* gegen die optimale Strategie konvergiert [54].

```
1    Start
2        Initialisiere V(s) = 0 für jeden s ∈ S;
3    Repeat
4        Δ = 0;
5        Für jeden Zustand s ∈ S
6            v = V(s);
7            V(s) = max_{a∈A} (∑_{s'∈S} p · (r(s,a) + γ · V(s')));
8            Δ = max(Δ, |v − V(s)|);
9        Until Δ < θ
10   End
```

Abbildung 6.2. Ablauf des Algorithmus *Value Iteration*.

Hat der Agent nun V^* hinreichend genau berechnet, kann er die approximierte Verhaltensstrategie π^* herleiten. Er folgt einfach der Spur maximaler Zustandswerte und häuft somit die meisten Belohnungen an. Die Verhaltensstrategie π^* des Agenten ergibt sich also durch

$$\pi^*(s) = \arg\max_{a \in \mathcal{A}} \left(\sum_{s' \in \mathcal{S}} p(s, a, s')(r(s, a) + \gamma V^*(s')) \right).$$
(6.3)

6.2.2 Beispiel

Abbildung 6.3 zeigt eine Beispielumgebung, die aus sechs Zuständen besteht. Zustandsübergänge sind in diesem Beispiel zwischen benachbarten Quadraten möglich, angedeutet durch Pfeile. Nur beim Übergang in den **Zielzustand** D erhält der Agent eine Belohnung. Wir nehmen nun an, dass unserem Agenten die Umwelt vollständig bekannt ist, er also alle Zustände, die Zustandsübergangsfunktion und die Belohnungsfunktion kennt. Dieses Wissen kann er beispielsweise durch

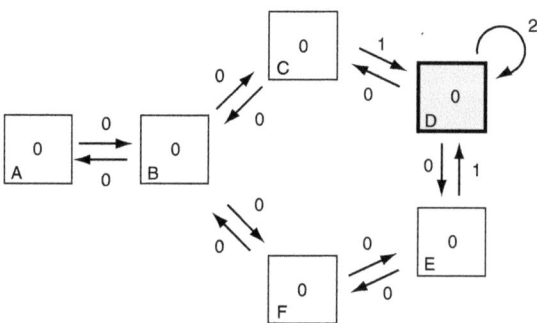

Abbildung 6.3. Das Zustandsmodell eines Agenten. Jedes Quadrat entspricht einem Zustand. In den Quadraten stehen die Zustandswerte $V(s)$, an den Pfeilen die Belohnungen r beim Zustandübergang. Nur beim Übergang in den Zustand D erhält der Agent eine Belohnung.

vorherige Exploration oder durch den Austausch von Informationen mit anderen Agenten erworben haben. Wir nehmen an, dass eine Aktion deterministisch zum erwarteten Nachfolgezustand führt. Was macht der Agent nun mit den zur Verfügung stehenden Informationen? Wir betrachten die ersten Iterationen von *Value Iteration*, die zu einer optimalen *Policy* π^* führen. Den Diskontierungsfaktor γ setzen wir auf 0,5. Zu Anfang des

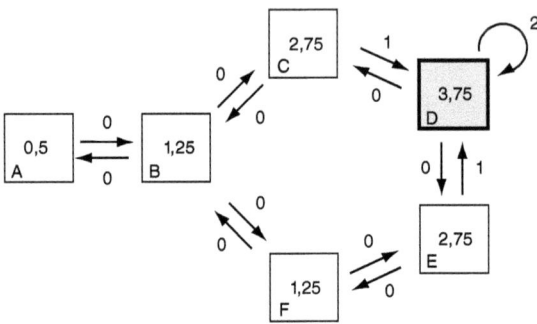

Abbildung 6.4. Die Zustandsbewertung nach vier Iterationen.

Algorithmus ($t = 0$) wird die Bewertungsfunktion $V^0(s)$ für jeden Zustand $s \in \mathcal{S}$ mit 0 initialisiert:

$$V^0(s) = 0 \text{ für alle Zustände } s \in \mathcal{S} \quad (6.4)$$

In der ersten Iteration ergibt sich für die Zustände A, B und F prinzipiell dieselbe Rechnung, nämlich

t	$V^t(A)$	$V^t(B)$	$V^t(C)$	$V^t(D)$	$V^t(E)$	$V^t(F)$
0	0	0	0	0	0	0
1	0	0	1	2	1	0
2	0	0,5	2	3	2	0,5
3	0,25	1	2,5	3,5	2,5	1
4	0,5	1,25	2,75	3,75	2,75	1,25

Tabelle 6.1. Beispielhafter Verlauf des *Value Iteration* Verfahrens auf der Umgebung aus Abbildung 6.3.

$$\begin{aligned} V^1(A) &= \max\{r(A, AB) + 0{,}5 \cdot V^0(B)\} \\ &= \max\{0 + 0{,}5 \cdot 0\} = 0. \end{aligned} \tag{6.5}$$

Für C, D und E ergibt sich in ähnlicher Weise:

$$\begin{aligned} V^1(C) &= \max\{0 + 0{,}5 \cdot V^0(B); 1 + 0{,}5 \cdot V^0(D)\} \\ &= \max\{0 + 0{,}5 \cdot 0; 1 + 0{,}5 \cdot 0\} \\ &= 1. \end{aligned} \tag{6.6}$$

Auf dieselbe Weise errechnen sich die Zustandswerte der nachfolgenden Iterationen. Tabelle 6.1 zeigt die Werte $V^t(s)$ im Laufe von vier Iterationen. Auch wenn sich die Zustandswerte in jedem Schritt erhöhen, konvergiert das Verfahren. Schließlich ist unser Agent problemlos in der Lage, den Endzustand zu erreichen, indem er stets den höchsten Zustandswerten folgt.

6.3 Lernen mit temporaler Differenz

Typischer Weise sind Übergangswahrscheinlichkeiten und Belohnungen der Umgebung dem Agenten anfangs unbekannt. Die *Reinforcement Learning*-Variante Q-Lernen mit temporaler Differenz — auch bekannt als *Temporal Difference Learning* —

ermöglicht ihm jedoch, trotz dieser fehlenden Informationen die optimale Verhaltensstrategie *ohne* Modell seiner Umgebung zu ermitteln.

6.3.1 Q-Lernen

Unser Agent erforscht die Umgebung, indem er sich in ihr bewegt und Zustände sowie Belohnungen bei anfangs zufällig gewählten Aktionen speichert. Auf diese Weise kann ein Modell seiner Umgebung aufgebaut werden, das aus einer Q-Tabelle mit Zuständen, Aktionen und zugehörigen Belohnungen besteht. Die Q-Tabelle ermöglicht ihm, nach ausreichender Erforschung der Umwelt, sinnvolle Aktionen auszuwählen. Die gelernten Aktionen repräsentieren die approximierte optimale *Policy* π^*.

Wie genau können wir so eine Q-Funktion konstruieren, die während der Exploration unter unvollständiger Informationslage angelernt wird? Statt Zustandswerte zu betrachten, sollte der Agent die Informationen verwenden, über die er verfügt: Er kann **Zustands-Aktions-Paare** auswerten. Genau das bezweckt die Q-Funktion, die dem Verfahren seinen Namen gibt. Die Q-Funktion $Q(s,a)$ weist jedem Zustands-Aktions-Paar − und nicht nur jedem Zustand wie beim *Value Iteration* − einen Wert zu. Wie sieht dann die Q-Funktion für eine optimale Strategie π^* aus? Sie weist jedem Zustands-Aktions-Paar die Summe aus der aktuellen Belohnung und − wie in Gleichung 6.2 bei *Value Iteration* − das Maximum der Q-Werte über alle möglichen Aktionen $\mathcal{A}$ des Folgezustandes zu. Auf diese Weise erhalten wir die Gleichung für Q, nämlich

$$Q'(s,a) = Q(s,a) + \alpha \left(r(s,a) + \gamma \max_{a' \in \mathcal{A}} Q(s',a') - Q(s,a) \right).$$
(6.7)

Diese Aktualisierungsregel basiert auf den Differenzen zwischen maximalen Q-Werten der Nachfolgezustände und der letzten Schätzung des Q-Wertes und wird daher als temporale Differenz bezeichnet. Der Faktor α steuert den Einfluss dieser Differenz. Für $\alpha = 1$ ergibt sich eine Aktualisierung, die starke Ähnlichkeit mit Gleichung 6.3 des *Value Iteration*-Verfahrens aufweist. Erforscht der Agent eine unbekannte Umgebung, kann mit dem Verfahren die optimale Q-Funktion Q^* approximiert werden. Die Q-Werte werden in der Regel in einer Q-Tabelle organisiert. Mit Hilfe der angelernten Q-Funktion kann schließlich wie beim *Value Iteration*-Verfahren die optimale Strategie abgeleitet werden durch:

$$\pi^*(s) = \arg\max_{a \in \mathcal{A}} Q^*(s,a). \tag{6.8}$$

In Abschnitt 6.4 klären wir die Frage, nach welcher Strategie sich der Agent verhalten soll, solange er noch nicht die optimale *Policy* gelernt hat. Er steckt in dem Dilemma, neue Verhaltensweisen ausprobieren zu müssen, um optimales Verhalten zu approximieren oder gelerntes Wissen zu nutzen und sich frühzeitig zielkonform zu verhalten. Wir werden zwei Strategien zur Exploration des Suchraumes kennen lernen.

Beispiel: Roboterfußball

Riedmiller *et al.* [39] haben die Lernaufgabe betrachtet, dass ein mobiler Fußballroboter einen zugepassten Ball abfängt, um dessen Bewegung zu kontrollieren. Zu diesem Zweck muss der Roboter seine Position und seine Geschwindigkeit in der Weise anpassen, dass die Relativgeschwindigkeit zwischen Roboter und Ball geringer ist als 0,6 m/s. Durch eine Kamera ist dem realen Roboter die Ballposition grob bekannt. Die Zustände des Systems werden durch Merkmale der Umgebung definiert. Dazu gehören die relative Position und die Orientierung zwischen Roboter und Ball sowie Geschwindigkeit und Richtung. Die Beschleunigung des Roboters wurde von Riedmiller *et al.* in acht verschiedene Richtungen diskretisiert. Auch die Zeit muss diskretisiert werden, um Zustandsübergänge modellieren zu können. Da die Ausführung von Aktionen erst nach ca. $d = 240$ ms wirksam wird, wird auch die Zeit auf dieses Intervall eingestellt.

Zuletzt müssen die Parameter des *Reinforcement Learning*-Verfahrens spezifiziert werden. Verwendet wird Q-Lernen mit dem Diskontierungsfaktor $\gamma = 0{,}92$. Der Systemdesigner muss jetzt die Belohnungen im Zustandsraum modellieren, damit das System überhaupt in der Lage ist, das gewünschte Verhalten zu zeigen. Damit der Roboter schnellstmöglich die gewünschte Aktion durchführt, wird jeder Zeitschritt ohne Ballbesitz mit einer negativen Belohnung von $r = -0{,}2$ bestraft. Hingegen erhält der Roboter eine Belohnung von $r = 500$, wenn er wie gewünscht den zugepassten Ball abfängt. Sowohl die Belohnungen als auch die sonstigen Parameter wie der Diskontierungsfaktor γ müssen vom Designer festgelegt werden. Meist sind derartige Entscheidungen das Resultat wiederholter Experimente mit unterschiedlichen Parametrisierungen oder das Ergebnis von Expertenwissen gewonnen aus ähnlichen Lernproblemen.

Trotz der oben beschriebenen Reduzierung des Suchraumes ist aufgrund der kontinuierlichen Variablen wie Abstand und Orientierung der Zustandsraum immer noch unendlich. Um dieses Problem zu umgehen und kontinuierliche Teile zu Zuständen zusammenzufassen, schlagen Riedmiller *et al.* vor, lineare Funktionsapproximatoren einzusetzen. Bei den so genannten Grid Maps werden Teilen des kontinuierlichen Suchraumes konstante Werte zugeordnet, die sich aus dem Durchschnitt aller Trainingsdaten dieses Bereichs errechnen.

Die Grid Maps haben nach 15 Millionen Trainingsschritten im Simulator eine Erfolgsrate von 55% erzielt, den Ball unter Kontrolle zu bringen. Die Experimente wurden zuerst in der Simulation durchgeführt. Dieses Vorgehen ist in der Praxis durchaus üblich, solange ein Prozessmodell verfügbar ist. Denn Läufe eines realen Systems sind in der Regel teuer. Sie kosten nicht nur wesentlich mehr Zeit als simulierte Experimente, sie sind auch aufgrund von Belastungen und Abnutzungserscheinungen der Hardware mit Aufwand verbunden. Trotzdem kann auch das beste Modell die realen Gegebenheiten der Umwelt, der Sensoren und Aktoren nicht in allen Facetten abbilden. In diesem Zusammenhang spricht man auch von der **Realitätslücke**. In realen Experimenten hat sich gezeigt, dass die in der Simulation gelernte Strategie in der Praxis anwendbar war, jedoch eine etwas schlechtere Performance zeigte. Ein Ansatz zur Reduzierung der *Realitätslücke* sind hybride Modelle, bei denen sich die Lernphasen in der Simulation und der realen Welt abwechseln.

6.3.2 SARSA

Eine einfache Variante des Temporal Difference-Learnings berücksichtigt die Differenz zwischen der Bewertung des Folgezustandes ohne Maximumbildung und der letzten Schätzung der Q-Funktion. Wie bei der Aktualisierungsregel 6.7 wird die Differenz mit dem Lernfaktor α gewichtet. Der Algorithmus nennt sich SARSA und beschreibt den Aktualisierungsschritt nach Beobachtung der Zustands-, Aktions- und Belohnungs-Folge (s,a,r,s',a')[1]. SARSA hat den Vorteil, dass ohne die Maximumsbildung vom Q-Lernen nicht stets die Q-Werte für die „gierigste" Strategie aktualisiert wird, sondern die aktuelle durch die Aktionswahl induzierte. Mit der folgenden einfachen

---

[1] Die Buchstabenfolge gibt dem Verfahren seinen Namen.

Gleichung erfolgt die Aktualisierung der Q-Funktion:

$$Q'(s,a) = Q(s,a) + \alpha \left(r(s,a) + \gamma \cdot Q(s',a') - Q(s,a) \right). \tag{6.9}$$

Nach Ausführung einer Aktion ergibt sich unmittelbar die Änderung des Q-Wertes aus der aktuellen Belohnung und der Differenz zwischen der mit Faktor γ gewichteten Bewertung des Nachfolgezustandes und des aktuellen Zustandes. Dabei handelt es sich quasi um den Betrag, um den der Agent sich zuvor verschätzt hat. Der diese Gleichung verwendende Algorithmus ist auch als TD(0) bekannt. Die Abbildung 6.5 zeigt den Algorithmus SARSA im Pseudocode.

```
1   Start
2       Loop
3           Initialisiere Q zufällig;
4           Wähle in Zustand s Aktion a nach Policy abhängig von Q;
5           Repeat
6               Führe Aktion a aus, beobachte r und s';
7               Wähle A(s') nach Policy abhängig von Q;
8               Q'(s,a)+ = α (r(s,a) + γQ(s',a') − Q(s,a));
9               s = s', a = a';
10          Until s ist Endzustand
11      End Loop
12  End
```

Abbildung 6.5. Ablauf der Variante des Q-Lernens *SARSA*.

6.3.3 TD(λ)

Die Idee der *Temporal Difference Learning*-Variante TD(λ) besteht darin, bei der Aktualisierungsregel nicht nur einen Schritt

6.3 Lernen mit temporaler Differenz

in die Zukunft zu schauen wie in Gleichung 6.7, sondern eine ganze Reihe von Schritten. Auf diese Weise ist eine noch genauere Schätzung der Zustands- bzw. Q-Werte möglich. Da unser Agent natürlich nicht einfach in die Zukunft schauen kann, geht er seine Schritte „vorwärts" durch den Zustandsraum, um dann die zurückliegenden Bewertungen nachträglich zu aktualisieren. Bei SARSA etwa wird direkt nach Durchführung einer Aktion der letzte Schritt bewertet. Nehmen wir an, unser Agent geht einen Schritt und registriert die Belohnung $r_t(s_t,a_t)$. Dann geht er einen weiteren Schritt und registiert wieder seine Belohnung $r_{t+1}(s_{t+1},a_{t+1})$. Nun kann der die Q-Funktion des vorletzten Zustandes genauer berechnen:

$$Q^{(2)}(s_t,a_t) = r_t(s_t,a_t) + \gamma \cdot r_{t+1}(s_{t+1},a_{t+1}) \\ + \gamma^2 \cdot \max_{a_{t+2} \in \mathcal{A}} Q^*(s_{t+2},a_{t+2}). \quad (6.10)$$

Eine Erweiterung auf n Schritte in Folge liegt nahe. Der Agent geht n Schritte und bewertet erst dann den ersten Zustand dieser Zustandsfolge:

$$Q^{(n)}(s_t,a_t) = r_t(s_t,a_t) + \gamma \cdot r_{t+1} + \ldots \\ + \gamma^{n-1} \cdot r_{t+n-1}(s_{t+n-1},a_{t+n-1}) \\ + \gamma^n \cdot \max_{a_{t+n} \in \mathcal{A}} Q^*(s_{t+n},a_{t+n}). \quad (6.11)$$

Auf diese Weise wird eine genauere Schätzung der Q-Werte ermöglicht. Eine auf diesem Prinzip basierende Aktualisierungsregel schätzt die Q-Funktion aus verschiedenen Distanzen und ist als TD(λ) bekannt. Sie verwendet eine Konstante $\lambda \in [0,1]$. Die Regel lautet:

$$Q^\lambda(s_t,a_t) = (1-\lambda)\left[Q^{(1)}(s_t,a_t) + \lambda Q^{(2)}(s_t,a_t) \\ + \lambda Q^{(3)}(s_t,a_t) + \ldots\right]. \quad (6.12)$$

An dieser Stelle halten wir fest, dass unzählige *Reinforcement Learning*-Varianten existieren und wir aus diesem Grunde für vertiefende Studien auf weiterführende Literatur verweisen müssen (siehe Abschnitt 6.4).

6.4 Exploration

Der Aktionsauswahl von Agenten, die ihre Umgebung aktiv erforschen, kommt ein hoher Stellenwert zu. Zum einen müssen sie ihre Umgebung erforschen, um möglichst viele Informationen über Pfade im Zustandsraum und dort befindliche Belohnungen zu erhalten. Zum anderen sollten sie das gelernte Wissen ausnutzen, um sich möglichst schnell zielkonform verhalten zu können. Diese Gratwanderung wird auch als **Explorations-Exploitations-Dilemma** bezeichnet.

Eine einfache und häufig verwendete Strategie ist die ϵ-**greedy**-Strategie. Der Agent wählt die Aktion mit dem höchsten Q-Wert aus. Mit einer kleinen Wahrscheinlichkeit ϵ probiert er eine Aktion aus, die er bisher nicht kennt. Unter diesen unbekannten Aktionen wählt er mit gleicher Wahrscheinlichkeit eine aus. Um möglichst viele Informationen gerade zu Beginn zu sammeln, sollte ϵ anfangs relativ groß sein, um dann im Laufe der Iterationen gesenkt zu werden.

Die Aktionauswahl mit Hilfe des **Softmax**-Verfahrens [54] vergleicht die Bewertungen der Aktionen untereinander. Der Nachteil der ϵ-*greedy*-Strategie liegt in der Gleichwahrscheinlichkeit aller Zustände, die bisher wenig exploriert worden sind. Bei *Softmax* hängt die Wahrscheinlichkeit $p_\pi(s,a)$ für die Wahl der Aktion a im Zustand s vom Nutzen im Vergleich zu allen anderen Aktionen ab. Je höher der Nutzen einer Aktion, desto höher ist seine Wahrscheinlichkeit, ausgewählt zu werden. Das Verfahren verwendet die Boltzmann-Verteilung:

$$p_\pi(s,a) = \frac{\exp(Q(s,a)/\tau)}{\sum_{a'\in\mathcal{A}} \exp(Q(s,a')/\tau)}. \tag{6.13}$$

Der Parameter τ − auch als Temperatur bekannt − steuert die Gewichtung der Zustandswerte. Eine höhere Temperatur τ schwächt den Einfluss von Bewertungsunterschieden ab, während niedrige Temperaturen die Einflüsse vergrößern. Die Auswahl einer geeigneten Strategie zur Steuerung des Explorationsverhaltens ist problemabhängig und eine Empfehlung daher schwierig. Die Steuerung über den Parameter ϵ der ϵ-*greedy* Strategie ist jedoch einfacher und intuitiver als die Temperatur τ der Boltzmann-Verteilung.

Literaturempfehlung

SUTTON, R.; BARTO, A.: *Reinforcement Learning: An Introduction*. MIT Press, 1998, [54].

RUSSEL, S.; NORVIG, P.: *Artificial Intelligence: A Modern Approach*. Prentice Hall, 1995, [47].

7
Neuronale Netze

Das menschliche Gehirn gehört zu den vermutlich aufwändigsten natürlichen Strukturen des Universums. Es ist in der Lage, komplexe kognitive Fähigkeiten zu vollbringen, die die Leistungen moderner Rechner in Bezug auf viele Aspekte weit übertreffen. Wahrnehmung und Erkennen, Lernen und Speichern von Informationen, Anpassung an die Umwelt, Steuerung von Verhalten sowie Kreativität sind Leistungen des menschlichen Nervensystems, die Maschinen bisher erst in Ansätzen in der Lage sind nachzuahmen. Die Arbeitsweise des Gehirns basiert im Gegensatz zur klassischen Von-Neumann-Architektur auf massiver Parallelität einer großen Anzahl von Berechnungseinheiten, den Neuronen. Diese biologischen Prinzipien der Informationverarbeitung auf Algorithmen zu übertragen, ist die Aufgabe der Neuroinformatik. Wir werden in diesem Kapitel die Grundlagen künstlicher neuronaler Netze kennen lernen.

O. Kramer, *Computational Intelligence*, Informatik im Fokus,
DOI 10.1007/978-3-540-79739-5_7,
© Springer-Verlag Berlin Heidelberg 2009

7.1 Vom Nervennetz zum Algorithmus

Neurowissenschaflter versuchen, die Geheimnisse natürlicher neuronaler Netze zu entschlüsseln. Einige der dabei erlangten Erkenntnisse wurden bereits erfolgreich als Lernregeln in Algorithmen übersetzt. Betrachten wir zunächst einige Grundlagen natürlicher Nervennetze, um uns dann auf das Lernen künstlicher Systeme und eine ihrer Hauptaufgaben, die Klassifikation, zu konzentrieren.

7.1.1 Natürliche neuronale Netze

Das menschliche Gehirn besteht aus einem Netzwerk von ca. 100 Milliarden (10^{11}) Neuronen. Zwischen den Neuronen liegen zwischen 10^{14} bis 10^{15} synaptische Verbindungen vor. Diese Dimensionen lassen erkennen, zu welcher massiven Rechenleistung das menschliche Gehirn unter Ausnutzung der Parallelität fähig ist. Eine Nervenzelle besteht aus einem Zellkörper mit einem Zellkern, den Dendriten zur Signalaufnahme und einem Axon zur Signalweiterleitung (siehe Abbildung 7.1, links). Eine erregte Nervenzelle leitet Signale in Form elektrischer Impulse, den Aktionspotenzialen entlang seines Axons an andere Neuronen weiter. Die Ionen im Neuron bestimmen seine elektrische Ladung. In seiner Ruhephase liegt das Potenzial des Neurons bei etwa -70mV. Die Erregung der Nachbarneuronen wird über die Dendriten zum Zellkern weitergeleitet und sorgt für eine Erhöhung des Potenzials. Wird dabei die Schwelle von -60mV durch Depolarisierung erreicht, löst das Neuron ein Aktionspotenzial aus, leitet also selber seine Erregung an seine Nachbarn weiter. Das Potenzial verschiebt sich dabei auf bis zu +30mV. Ein Aktionspotenzial gliedert sich in folgende Phasen (siehe Abbildung 7.1, rechts): Während der Aufstrichphase steigt das Aktionspotenzial an bis zur Überschreitung

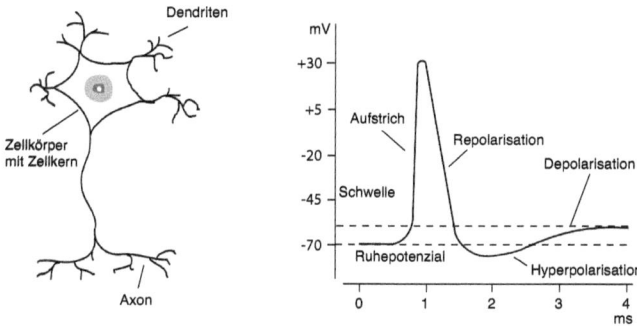

Abbildung 7.1. Links: Modellhafte Darstellung eines Neurons. Über die Dendriten empfängt das Neuron die Erregungen seiner Nachbarn. Die eigene Erregung wird über das Axon weitergeleitet. Rechts: Entwicklung des Neuronenpotenzials während der Auslösung eines Aktionspotenzials.

einer Schwelle. Danach folgt die Repolarisation und mit der Hyperpolarisation eine Phase, bei der das Ruhepotenzial unterschritten wird und keine Erregung durch die Nachbarneuronen möglich ist. Schließlich wird es in einer Depolarisationsphase wieder leicht überschritten. Ein Aktionspotenzial wird entlang der Axone weitergeleitet bis es auf eine Synapse, eine Verbindung zu einem anderen Neuron, stößt. Löst das Aktionspotenzial eines Neurons ein Aktionspotenzial eines nachfolgenden Neurons aus, wird die Reizweiterleitung durch die Synapsen verstärkt. Dieser Zusammenhang ist als **Hebbsche Regel** bekannt. Die synaptischen Verbindungen entsprechen den Gewichten der künstlichen Netze, die wir in diesem Kapitel kennen lernen werden. Neurone sind in komplexer Weise miteinander vernetzt. Verschiedene Neuronentypen haben spezifische Aufgaben. Ein Großteil der menschlichen bewussten Informationsverarbeitung findet in der Großhirnrinde statt. Diese ist zur Vergrößerung ihrer Oberfläche und damit zur Erhöhung der Anzahl ihrer Neuronen gefaltet.

7.1.2 Lernen bei künstlichen neuronalen Netzen

Genauso wie bei der Veränderung der Reizweiterleitung der Synapsen nach der Hebbschen Regel findet Lernen bei künstlichen neuronalen Netzen durch Veränderung der Verbindungsstärken zwischen den Neuronen statt. Diese Verbindungsstärken werden auch als **Netzgewichte** bezeichnet. Zufügen und Löschen von Verbindungen können als Spezialfälle der Justierung der Netzgewichte angesehen werden. Beim Lernen mit neuronalen Netzen kann man grob die Unterscheidung treffen zwischen **überwachtem** und **unüberwachtem Lernen**. Beim überwachten Lernen wird zusätzlich zum Reiz eine Information dargeboten, die das Netz darüber informiert, wie der Reiz einzuordnen ist. Ein typischer Fall für überwachtes Lernen ist das Lernen aus Beispielen. Dabei werden dem Netz Paare aus Eingangssignalen und damit zu assoziierenden Ausgangssignalen dargeboten. Der in diesem Kapitel vorgestellte *Backpropagation*-Algorithmus ist eine überwachte Lernmethode. Unüberwachtes Lernen basiert auf Selbstorganisation des Netzes ohne eine externe Rückmeldung. Hierbei ist das neuronale Netz in der Lage, ausschließlich durch Darbietung der Eingangsreize seine Struktur in sinnvoller Weise anzupassen. Unter anderem werden wir in diesem Kapitel als Beispiel für ein unüberwachtes neuronales Netz die selbstorganisierenden Merkmalskarten von Kohonen kennen lernen.

7.1.3 Klassifikation

Viele Typen künstlicher neuronaler Netze eignen sich besonders zur Klassifikation. Aufgabe der Klassifikation ist die Zuordnung von Elementen zu Klassen auf Basis ihrer Eigenschaften, siehe Abbildung 7.2. Diese Eigenschaften werden auch Merkmale genannt. Dabei wird von dem Prinzip ausgegangen, dass Elemente mit ähnlichen Merkmalen zu ähnlichen Klassen gehören. Damit der Lernalgorithmus, der Klassifikator, weiß, wie er die eingehenden Elemente klassifizieren soll, muss er vorher in einer Lernphase trainiert werden. Beim überwachten Lernen steht eine **Trainingsmenge** zur Verfügung. Diese umfasst Beispieldaten inklusive ihrer Klassenzuordnung. Man spricht auch von Lernen mit Lehrer. Der Klassifikator soll in dieser Phase lernen, die Daten der Trainingsmenge korrekt zu klassifizieren. Dabei hofft man implizit, dass später zu klassifizierende, jedoch für den Klassifikator unbekannte Daten richtig eingeordnet werden. Der Klassifikator soll generalisieren können, d.h. Daten mit ähnlichen Merkmalen derselben Klasse zuordnen. Diese Aufgabenstellung ähnelt dem Clustern, das wir schon in Kapitel 5 kennen gelernt haben. Beim Clustern wird unüberwacht eine Gruppierung gegebener Daten gesucht, die Homogenität der Elemente eines Clusters untereinander und Heterogenität zwischen Elementen verschiedener Cluster aufweist.

Um die Güte eines Klassifikators und insbesondere seine Fähigkeit zur Generalisierung zu beurteilen, bevor das System zum praktischen Einsatz kommt, wird die Klassifikation auf einer für den Klassifikator unbekannten **Testmenge** durchgeführt und der dabei entstehende Fehler gemessen. Die Testmenge enthält ebenfalls Daten mit zugehörigen Klassennamen. Auf diese Weise kann jede Fehlklassifikation identifiziert werden und den errechneten Fehler vergrößern. Eine Besonderheit bei der Klassifikation betrifft die Überanpassung an die Beispielmenge. Wenn der Klassifikator so stark auf die Trainingsmenge angelernt wurde, dass er unbekannte Daten kaum zu generalisieren vermag, spricht man von **Overfitting**. In diesem Fall klassifiziert das System die Trainingsdaten zwar korrekt,

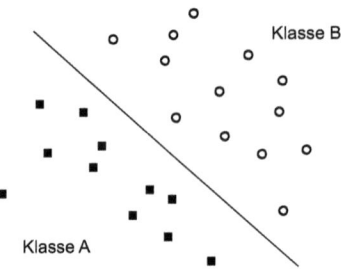

Abbildung 7.2. Die Aufgabe der Klassifikation besteht darin, eine Funktion — hier eine Gerade — zu finden, die Datenelemente bekannten Klassen zuordnet, um nach dem Lernen unbekannte Daten korrekt einzuordnen.

ist jedoch nicht immer in der Lage, unbekannte Daten mit ähnlichen Merkmalen wie die der Trainingsmenge in dieselben Klassen zu kategorisieren.

7.1.4 Pulskodierte neuronale Netze

Die meisten künstlichen Modelle abstrahieren von vielen Merkmalen ihres biologischen Vorbildes. Die Aktivierungswerte der künstlichen Neuronen repräsentieren die *Frequenz* von Aktionspotenzialen. Pulskodierte neuronale Netze[1] simulieren auch zeitliche und räumliche Aspekte der Signalverarbeitung. Bei-

---

[1] auch als *Spiking*-Netze bekannt

spielsweise simuliert das **Hodgkin-Huxley Modell** [24] die mikroskopische Ebene neuronaler Netze wie etwa die biophysikalischen Eigenschaften der neuronalen Zellmembran mit Hilfe nichtlinearer Differentialgleichungen. Hodgkin und Huxley haben das Riesenaxon des Tintenfisches analysiert und aufgrund ihrer Analysen ein mikroskopisches Modell entwickelt, das im Wesentlichen durch Differentialgleichungen beschrieben werden kann. Diese modellieren das kapazitive Verhalten der Zellmembran eines Neurons sowie die Spannungsabhängigkeit der beteiligten Ionenkanäle.

Die räumliche Struktur der verschiedenen Teile eines biologischen Neurons wird erst durch die **Kompartment-Modelle** beschrieben. Dabei wird das Neuron in relevante funktionale Bestandteile unterteilt, die mit Hilfe neurophysiologischer Messungen ermittelt werden. Die Kompartment-Modelle ermöglichen eine detailgetreuere Modellierung und Simulation realer biologischer neuronaler Netze. Jedoch wird in der Praxis der Detailgrad der Modellierung zusammen mit der Größe der simulierten Netze durch die zur Verfügung stehende Rechenleistung beschränkt. Die detailgetreue Simulation biologischer Modelle spielt bei der effizienten Lösung von Lernproblemen bisher nur eine untergeordnete Rolle und die pulskodierten neuronalen Netze kommen in der Praxis selten zum Einsatz.

7.2 Perzeptron

Eines der berühmtesten künstlichen neuronalen Netze ist das Perzeptron, das 1958 von Frank Rosenblatt [45] vorgestellt wurde. Ein einfaches Perzeptron besteht aus einem einzelnen Neuron und einer Reihe von Eingängen x_1 bis x_k. Abbildung 7.3 zeigt ein Perzeptron mit zwei Eingängen. Diese entsprechen den Dendriten natürlicher Neuronen. Die Signale an den Eingängen werden mit Gewichten w_1 bis w_k multipliziert bevor sie beim

7 Neuronale Netze

Neuron eintreffen. Die Gewichte verstärken die Signale oder schwächen sie ab und entsprechen den Verstärkungen und Abschwächungen der natürlichen Signale durch die Synapsen. Die gewichteten Eingaben werden aufsummiert:

$$\varphi(\mathbf{x}) = \sum_{i=1}^{k} x_i w_i = \mathbf{w}\mathbf{x}. \quad (7.1)$$

Diese Aktivierung $\varphi(\mathbf{x})$ des Neurons wird nun mit einem **Schwellwert** θ verglichen. Nur wenn die Aktivierung den Schwellwert überschreitet, feuert das Neuron:

$$\sigma(\mathbf{x}) = \begin{cases} 1, \text{ falls } \varphi(x) \geq \theta \\ 0, \text{ falls } \varphi(x) < \theta \end{cases} \quad (7.2)$$

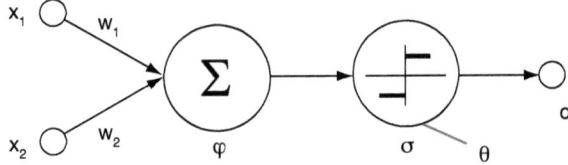

Abbildung 7.3. Ein Perzeptron mit zwei Eingabeneuronen.

Seine Ausgabe $o = \sigma(\mathbf{x})$ hängt also von der Eingabe $\mathbf{x}$, den zu lernenden Gewichten $\mathbf{w}$ und dem Schwellwert θ ab. Das Ziel des Perzeptrons besteht darin, Daten, die zu zwei unterschiedlichen Klassen gehören, voneinander zu trennen. Gegeben sind Datenbeispiele mit Klassenzugehörigkeiten. Der Perzeptron-Lernalgorithmus soll die Gewichte w_i so anpassen, dass das

Neuron bei Daten der ersten Klasse 0 und bei Daten der zweiten Klasse 1 ausgibt. Wie können wir die Gewichte nun anpassen, um diese Ausgaben zu bewirken? Die Anpassung der Gewichte kann mit der δ-**Regel**, die auch unter der Bezeichnung **Widrow-Hoff-Regel** bekannt ist, durchgeführt werden. Sei w das anzupassende Gewicht, $\mathbf{x}$ die Eingabe, $\mathbf{t}$ die gewünschte Ausgabe und o die tatsächliche Ausgabe des Neurons. Dann beträgt die Gewichtsänderung nach der δ-Regel

$$\mathbf{w}' = \mathbf{w} + \Delta \mathbf{w} \tag{7.3}$$

mit

$$\Delta \mathbf{w} = \eta (\mathbf{t} - \mathbf{o}) \cdot \mathbf{x}. \tag{7.4}$$

In dieser Regel stecken zwei Konzepte. Zum einen basiert die Gewichtsanpassung auf der Differenz zwischen gewünschter Ausgabe $\mathbf{t}$ und tatsächlicher Ausgabe $\mathbf{o}$. Zum anderen hängt die Änderung noch von der Eingabe $\mathbf{x}$, also gewissermaßen der Ausgabe des *Vorgängerneurons* ab. Dieses Prinzip ähnelt der Hebbschen Lernregel: das synaptische Gewicht ändert sich, wenn die Reaktionen der beteiligten Neuronen korrelieren. Die Größe der Gewichtsänderung hängt von der Lernrate $\eta > 0$ ab. Wenn Ein- und Ausgabe übereinstimmen, ändert sich das Gewicht nicht. In allen anderen Fällen wird der erste Faktor des Produktes -1 oder $+1$.

Rosenblatts Theorem besagt, dass der Lernalgorithmus des Perzeptrons in endlicher Zeit konvergiert, d.h. das Perzeptron kann in endlicher Zeit alles lernen, was es repräsentieren kann. Allerdings kann es eben nicht alles repräsentieren. Ein einschichtiges Perzeptron kann keine Funktionen lernen, die nicht **linear separierbar** sind. Unter linearer Separierbarkeit versteht man die Eigenschaft, dass die Daten im Raum durch Ebenen voneinander getrennt werden können, wie etwa die Trennung von Punkten in einer 2-dimensionalen Ebene durch eine Gerade. Das ist für das einfache Perzeptron in zwei Dimensionen schon für das XOR-Problem unmöglich. Erst das mehrschichtige Perzeptron — auch als Multilayer Perzeptron bekannt — ermöglicht eine Realisierung des XOR-Problems. Zweischichtige Perzeptrons sind in der Lage, konvexe Mengen zu separieren, während erst mehrschichtige Perzeptron-Netze beliebige Mengen trennen können.

7.3 Backpropagation

Zu den bekanntesten Lernverfahren für neuronale Netze gehört das Backpropagation-Netz [46]. *Backpropagation* ist ein Klassifikationsverfahren, d.h. das Netz wird mit Hilfe einer Trainingsmenge angelernt und soll danach unbekannte Daten zuverlässig einordnen. Der Name *Backpropagation* leitet sich von der Lernregel ab, nach der die Gewichtsanpassungen erfolgen. Das Verfahren basiert auf einer Vernetzung, bei der die Verbindungen zwischen den Netzschichten stets in die nächsthöhere Schicht gerichtet sind (siehe Abbildung 7.4). Es existieren keine rekurrenten Verbindungen von höheren in darunter liegende Schichten. Dieser Netztyp ist auch unter der Bezeichnung Feedfoward-Netz bekannt. Eine geeignete Anzahl von Neuronen in jeder Schicht ist abhängig von der Dimensionalität der Eingabedaten und von anderen Eigenschaften des Problems. Eine allgemeine Empfehlung ist daher nicht möglich.

7.3.1 Die Backpropagation-Lernregel

Die Idee des *Backpropagation*-Verfahrens liegt in der Minimierung der Fehlklassifikationen durch ein Prinzip ähnlich dem

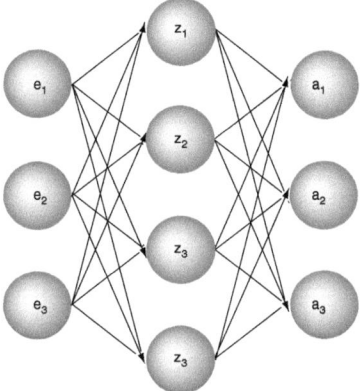

Abbildung 7.4. Beispiel eines typischen Feedforward-Netzes, das für den *Backpropagation*-Algorithmus zum Einsatz kommt. Kennzeichen ist die *Vollvernetzung* zwischen aufeinander folgenden Schichten.

Gradientenabstieg in einer den Fehler messenden Funktion. Die Gewichtsvektoren bestimmen die Ausgabe des Netzes bei gegebener Eingabe $d \in D$ mit Datensatz D. Lernen bedeutet nun **Minimierung des Fehlers durch Manipulation der Gewichte**. *Backpropagation* basiert auf Gradientenabstieg in der Fehlerfunktion abhängig von den Netzgewichten. Um den Gradientenabstieg mit Hilfe der ersten Ableitung geschickt realisieren zu können, wird die binäre Schwellwertfunktion, die wir beim Rosenblattschen Perzeptron kennen gelernt haben, durch eine differenzierbare Schwellwertfunktion ersetzt. Ein *Backpropagation*-Neuron n hat die Ausgabe

$$o = \sigma(\varphi) = \sigma(\mathbf{w}\mathbf{x}). \tag{7.5}$$

Ein Neuron feuert nun, wenn die Summe der Reize einen Schwellwert θ überschreitet. Die Schwellwertfunktion σ definiert die Ausgabe mit Hilfe der **Sigmoidfunktion**:

$$\sigma(\mathbf{x}) = \frac{1}{1 + \exp(-\varphi(\mathbf{x}))} \quad (7.6)$$

Letztere hat die angenehme Eigenschaft, dass

$$\frac{\partial \sigma(\mathbf{x})}{\partial \mathbf{x}} = \sigma(\mathbf{x})(1 - \sigma(\mathbf{x})) \quad (7.7)$$

gilt[2]. Ein typisches Maß für den Fehler eines neuronalen Netzes ist die Abweichung von der tatsächlichen Ausgabe o_d und der gewünschten Ausgabe t_d ausgedrückt durch die Summe der quadratischen Differenzen:

$$E_D(w) = \frac{1}{2} \sum_{d \in D} (t_d - o_d)^2 \quad (7.8)$$

Stellen wir uns den Fehler als Funktion in Abhängigkeit der Gewichte vor. Die Idee der δ-Regel ist Gradientenabstieg in der Fehlerfunktion E_D durch Ableitung von E_D nach w. Zuerst müssen wir die Fehlerfunktion, bei neuronalen Netzen auch Energiefunktion genannt, von E nach w_i ableiten:

$$\frac{\partial E}{\partial w_i} = \frac{\partial}{\partial w_i} \frac{1}{2} \sum_{d \in D} (t_d - o_d)^2 \quad (7.9)$$

$$= \sum_{d \in D} (t_d - o_d) \frac{\partial}{\partial w_i} (t_d - o_d) \quad (7.10)$$

---

[2] Ähnlich attraktiv verhält sich der Tangenshyperbolicus mit $(\tan h(\mathbf{x}))' = 1 - \tan h^2(\mathbf{x})$.

```
1   Start
2       Initialisiere die Gewichtsvektoren $w_i$ aller Neurone;
3   Repeat
4       Wähle zufällig Datenbeispiel $d \in D$ aus Trainingsmenge;
5       Berechne Netzausgabe;
6       Berechne $\delta_k$ für jedes Ausgabeneuron $k$
        $\delta_k = (t_k - o_k)o_k(1 - o_k)$;
7       Berechne $\delta_z$ für jedes Neuron $z$ der Zwischenschicht
        $\delta_z = o_z(1 - o_z) \sum_k w_{zk}\delta_k$;
8       Gewichtsanpassung $w'_{ij} = w_{ij} + \eta \delta_k x_{ij}$;
9   Until Abbruchbedingung
10  End
```

Abbildung 7.5. Ablauf des *Backpropagation*-Algorithmus.

$$= \sum_{d \in D} (t_d - o_d) \left(-\frac{\partial o_d}{\partial w_i} \right) \quad (7.11)$$

$$= -\sum_{d \in D} (t_d - o_d) \left(\frac{\partial o_d}{\partial \varphi_d} \frac{\partial \varphi_d}{\partial w_i} \right). \quad (7.12)$$

Durch die günstige Ableitung von $\sigma(x)$ erhalten wir

$$\frac{\partial o_d}{\partial \varphi_d} = \frac{\partial (\sigma(\varphi_d))}{\partial \varphi_d} = o_d(1 - o_d), \quad (7.13)$$

während die Konstanten der Gewichte bei der Ableitung wegfallen und sich

$$\frac{\partial \varphi_d}{\partial w_i} = \frac{\partial \mathbf{w}\mathbf{x}_d}{\partial w_i} = x_{i,d} \quad (7.14)$$

ergibt. Schließlich erhalten wir

$$\frac{\partial E}{\partial w_i} = -\sum_{d \in D}(t_d - o_d)o_d(1 - o_d)x_{i,d}. \tag{7.15}$$

Damit sich der entstehende Fehler verringert, muss die Gewichtsänderung das umgekehrte Vorzeichen der Ableitung erhalten:

$$\Delta w_i = -\eta \cdot \frac{\partial E}{\partial w_i} = \eta \sum_{d \in D}(t_d - o_d)o_d(1 - o_d)x_{i,d}. \tag{7.16}$$

Die Gewichtsanpassung nach Präsentation nur eines Datenbeispiels $d \in D$ erfolgt also nach

$$\Delta w_i = \eta(t_d - o_d)o_d(1 - o_d)x_{i,d} \tag{7.17}$$

mit

$$w'_i = w_i + \Delta w_i. \tag{7.18}$$

Der Übersichtlichkeit halber nennen wir im Folgenden im Index die betreffenden Neuronen und nicht das Datenbeispiel $d \in D$. Der Fehler eines Neurons k in der Außenschicht beträgt

$$\delta_k = (t_k - o_k)o_k(1 - o_k). \tag{7.19}$$

Die Anpassungen der Gewichte von Neuronen innerer Schichten erhalten wir nach einem ähnlichen Prinzip. Der Fehler wird rückwärts durch die Neuronenschichten propagiert. Daher trägt das Verfahren die Bezeichnung *Backpropagation*. Das Fehlersignal für ein Neuron der Zwischenschicht z ergibt sich durch

$$\delta_z = o_z(1 - o_z) \cdot \sum_{k}(w_{zk} \cdot \delta_k). \tag{7.20}$$

Bei Zwischenschicht-Neuronen ist nicht die gewünschte Ausgabe t_d selbst entscheidend, sondern der Fehler der nachgelagerten Schicht. Den Algorithmus in Pseudocode finden wir in Abbildung 7.5. Im ersten Schritt wird die Reaktion des Netzes berechnet, im zweiten Schritt die Gewichtsänderung abhängig vom Grad des Fehlers der Netzantwort. Durch wiederholte Anwendung der Regel und Präsentation aller Muster wird der Fehler schrittweise bis zu einem Toleranzwert verkleinert. Jedoch kann das Netz in einem lokalen Minimum stecken bleiben.

7.3.2 Beispiel

Wir betrachten ein dreischichtiges Feedforward-Netz mit zwei Eingabeneuronen a und b, einem Neuron c in der Zwischenschicht und einem Ausgabeneuron d (siehe Abbildung 7.6). Das Netzwerk hat die Gewichte $(w_{ac}, w_{bc}, w_c, w_{cd}, w_d)$, wobei w_c und w_d Schwellwerte darstellen. Alle Gewichte seien mit $w_i = 0{,}1$ initialisiert, die Schwellwertfunktion laute:

$$\sigma(\mathbf{x}) = \begin{cases} 1 & \text{für } \mathbf{w} \cdot \mathbf{x} > w_l \\ -1 & \text{für } \mathbf{w} \cdot \mathbf{x} \leq w_l, \end{cases} \quad (7.21)$$

mit $l = c$ oder $l = d$. Wir bestimmen die Gewichtswerte nach den ersten zwei Iterationen des *Backpropagation*-Algorithmus mit einer Lernrate $\eta = 0{,}3$ und inkrementeller Gewichtsanpassung für die Trainingsmenge (siehe Tabelle 7.1).

Um Oszillationen zu vermeiden, kann ein so genannter **Momentum-Term** eingefügt werden, der die aktuelle Gewichtsänderung von der vergangenen abhängig macht. Beim inkrementellen *Backpropagation* mit Momentum-Parameter α wird bei jeder Gewichtsanpassung die Änderung von Δw_{ij} der letzten Gewichtsanpassung berücksichtigt, d.h. insbesondere

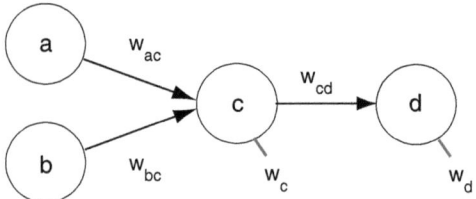

Abbildung 7.6. Das *Backpropagation*-Netz aus unserem Rechenbeispiel besteht aus den beiden Eingabeneuronen a und b, dem mittleren Neuron c und dem Ausgabeneuron d.

a	b	t
1	0	1
0	1	-1

Tabelle 7.1. Trainingsmenge für das Feedforward-Netz.

nicht nur der letzten Iteration, sondern der letzten Dateneingabe. Die Gewichtsanpassung erfolgt nach

$$\Delta w'_{ij} = \eta \delta_j x_{ij} + \alpha \Delta w_{ij}. \tag{7.22}$$

Die Resultate, die sich bei *Backpropagation* mit Momentum $\alpha = 0{,}9$ für unser obiges Beispiel ergeben, sind in Tabelle 7.2 angegeben.

a	b	t	w_{ac}	w_{bc}	w_{cd}	$\varphi(c)$	$o(c)$	$\varphi(d)$	$o(d)$	δ_d	δ_c	Δw_{ac}	Δw_{bc}	Δw_{cd}
1	0	1	0,1	0,1	0,1	0,1	-1	-0,1	-1	-4	0,8	0,24	0,0	1,2
0	1	0	0,34	0,1	1,3	0,1	-1	-1,3	-1	0	0	0,21	0,0	1,08
1	0	1	0,55	0,1	2,38	0,55	1	2,38	1	0	0	0,19	0,0	0,97
0	1	0	0,75	0,1	3,35	0,1	-1	-3,35	-1	0	0	0,17	0,0	0,87

Tabelle 7.2. Verlauf des *Backpropagation*-Lernverfahrens mit Momentum α. Die Momentum-Regel wird hier in jeder inkrementellen Phase, also für jedes Beispiel pro Iteration ausgeführt.

Beispiel: Proteinstrukturvorhersage

Es existieren unzählige Anwendungsbeispiele für neuronale Netze. Das breite Spektrum reicht von der industriellen Nutzung als Regler bis hin zur Darstellung von Genommerkmalen mit Hilfe hyperbolischer selbstorganisierender Karten. Klassifikationsnetze wie Backpropagation wurden in der Vergangenheit für eine Vielzahl von Aufgaben erfolgreich eingesetzt. Wir betrachten in diesem Kapitel die Strukturvorhersage von Proteinen mit dem *Backpropagation*-Lernalgorithmus. Der Vorhersage von Molekülstrukturen kommt in der Biochemie und beim Medikamenten-Design ein hoher Stellenwert zu. Aufgabe der Protein-Sekundärstrukturvorhersage ist eine Aussage über die räumliche Struktur eines Proteins bei gegebener Sequenz von Aminosäuren. Diese Sequenz besteht aus einem Alphabet der 20 natürlich vorkommenden Aminosäuren. Verschiedene Ansätze zur Strukturvorhersage wurden in der Vergangenheit vorgeschlagen. Der Verwendung von Klassifikationsmethoden liegt die Annahme zugrunde, dass ähnliche Aminosäuresequenzen ähnliche Strukturen determinieren. Ein Beispiel zur Vorhersage von Proteinstrukturen stammt von Guimarães, Melo und Cavalcanti [20]. Sie verwenden ein System bestehend aus drei Backpropagation-Netzen für die Vorhersage, ob es sich bei der Sekundärstruktur um ein Alpha-Helix-

Molekül, einen Beta-Strang — auch Faltblatt genannt — oder eine Schleife handelt.

Ziel des Ansatzes ist eine Verbesserung der Genauigkeit der Strukturvorhersage durch Kombination drei verschiedener Backpropagation-Netze. Die Kombination der Klassifikationsergebnisse soll den entstehenden Fehler minimieren. Die Anpassung eines Netzes auf die Trainingsdaten ist von der Anfangsinitialisierung der Gewichte, der Lernstrategie und der Netztopologie abhängig. Der vorliegende Ansatz versucht, die unterschiedlichen Lernergebnisse verschiedener Netztopologien auszunutzen. Die Schichten aller drei Netze sind vollständig miteinander verbunden. Als Eingabe erhalten die Netze 260 Buchstaben, die die Proteinsequenz kodieren. Die drei Netze unterscheiden sich aber in der Anzahl der Neuronen in der verdeckten Schicht. Für das erste Netz wurden 30, für das zweite 35 und das dritte 40 Zwischenneuronen verwendet. Die Ausgabeschicht verfügt über drei Neuronen, eines für jede Proteinstruktur.

Die Trainingsdaten stammen aus den Proteindatenbanken RS126 mit 126 Proteinen und CB396 mit 396 Sequenzen und wurden einer Vorverarbeitung unterzogen. Es wurden verschiedene Strategien zur Kombination der Klassifikationsergebnisse der drei Netze eingesetzt. Neben dem Mehrheitsentscheid wurde auch das Produkt, bzw. der Schnitt der Klassifikationsergebnisse betrachtet. Die Experimente haben gezeigt, dass das Klassifikationsergebnis in jedem Fall durch die Kombination der Resultate im Vergleich zu den Klassifikationen der Einzelnetze verbessert werden konnte. Es konnte insgesamt eine Klassifikationsgenauigkeit von 75,95% auf dem Datensatz CB396 und 74,13% auf RS126 erzielt werden. Das bedeutet, dass mit ca. 75%-iger Genauigkeit die richtige Proteinstrukturvorhersage bei gegebener Aminosäuresequenz erzielt werden konnte. Die Kombination der Klassifikationsergebnisse mit der Produkt-Methode schnitt dabei am erfolgreichsten ab.

7.4 Netze mit radialen Basisfunktionen

Mit *Backpropagation* haben wir ein leistungsfähiges und oft verwendetes Klassifkationsverfahren kennen gelernt. Ein weiterer mit *Backpropagation* eng verwandter Netztyp sind die Netze mit radialen Basisfunktionen (RBF-Netze). Mit ihrer Hilfe können Funktionen approximiert werden. Sind nur wenige Stützstellen einer Funktion bekannt, kann mit Netzen mit radialen Basisfunktionen zwischen diesen Stützstellen interpoliert werden [6]. RBF-Netze sind genauso wie die *Backpropagation*-Netze vorwärts gerichtete Netze mit einer verdeckten Schicht und einem Ausgabeneuron. Der Unterschied liegt in den Aktivierungsfunktionen der mittleren Schicht. Es geht nicht mehr wie bei der Klassifikation darum, mit der Schwellwertfunktion σ eine Trennung in Klassen herbeizuführen. Vielmehr soll für die zu approximierende Funktion $f(\mathbf{x})$ eine Art nahtloser Übergang von Stützstelle zu Stützstelle im Abbildungsraum geschaffen werden. Dies geschieht über eine Summation von k Stützfunktionen, Basisfunktionen genannt. Häufig wird die Gaußfunktion als Stützfunktion verwendet. Ihre Parameter, also Erwartungswert und Standardabweichung − hier auch Radius genannt − und die Gewichte zwischen Zwischenschicht und Ausgabeschicht werden genauso wie bei der δ-Regel per Gradientenabstieg in der Fehlerfunktion angepasst. Der Fehler ergibt sich aus der Differenz zwischen der Ausgabe des Netzes bei Präsentation eines Trainingsbeispiels und der beabsichtigten Ausgabe an den Stützstellen. Gegeben sei eine Menge D von T Trainingsdaten, an denen die Funktion bekannt ist:

$$D = \{(\mathbf{x}^p, t^p) \mid p = 1, \ldots, T\} \quad (7.23)$$

mit $\mathbf{x}^p \in \mathbb{R}^M$ und $t^p \in \mathbb{R}$. Wir suchen die Funktion

$$\hat{f} : \mathbb{R}^M \to \mathbb{R} \text{ mit } \hat{f}(\mathbf{x}^p) = t^p \text{ für alle } p = 1, \ldots, T. \quad (7.24)$$

Das Netz verfügt in der verdeckten Schicht über k Neuronen, d.h. k radialen Basisfunktionen mit Stützstellen $\mathbf{c}_i$, $1 \leq i \leq k$. Die Neuronen der Zwischenschicht erhalten nun eine Aktivierungsfunktion, im Fall der Gaußfunktion mit Erwartungswert $\mathbf{c}_i$ und Radius r_i

$$\varphi_i(\mathbf{x}) = \exp\left(\frac{-\|\mathbf{x} - \mathbf{c}_i\|^2}{2r_i^2}\right). \quad (7.25)$$

Die approximierende Funktion $\hat{f}(\mathbf{x})$ ergibt sich nun, indem wir die Ausgaben $o_i(\mathbf{x})$ der Zwischenneuronen noch mit den Gewichten w_i zwischen der verdeckten Schicht und dem Ausgabeneuron gewichten

$$\hat{f}(\mathbf{x}) = \sum_{i=1}^{k} w_i \exp\left(\frac{-\|\mathbf{x} - \mathbf{c}_i\|^2}{2r_i^2}\right). \quad (7.26)$$

Das RBF-Netz wird trainiert, indem dem Netz Trainingsbeispiele der Form $(\mathbf{x}^p, t^p)$ präsentiert werden. Der Fehler errechnet sich über die quadratische Abweichung zwischen Netzausgabe und gewünschter Ausgabe über alle Trainingsbeispiele

$$E = \frac{1}{2} \sum_{p=1}^{T} \sum_{j=1}^{M} (t_j^p - \hat{f}(x_j^p))^2. \quad (7.27)$$

Anzupassen sind die Parameter $\mathbf{c}$, r und die Gewichte $\mathbf{w}$. Dieses kann wie bei *Backpropagation* durch Gradientenabstieg geschehen, also für jedes Neuron $i = 1, \ldots, k$ und jede Dimension

7.4 Netze mit radialen Basisfunktionen

$j = 1, \ldots, M$:

$$\delta(c_j)_i = -\eta_c \frac{\partial E}{\partial (c_j)_i}, \tag{7.28}$$

$$\delta r_i = -\eta_r \frac{\partial E}{\partial r_i}, \tag{7.29}$$

$$\delta(w_j)_i = -\eta_w \frac{\partial E}{\partial (w_j)_i} \tag{7.30}$$

und den jeweiligen Lernraten η_c, η_r und η_w. Ähnlich der δ-Regel, die wir beim *Backpropagation*-Verfahren kennen gelernt haben, liest sich dann die Gewichtsanpassung wie folgt

$$\Delta(w_j)_i = \eta_w (t_j^p - \hat{f}(x_j^p))(w_j)_i \varphi_i(\mathbf{x}). \tag{7.31}$$

Initiale Zentren und Radien können auf verschiedene Weisen bestimmt werden. Häufig werden sie gleichverteilt über den gesamten Definitionsbereich verstreut. Sinnvoll ist aber auch, dass wir die Stützstellen dorthin legen, wo die Datenbeispiele der Funktion dicht verteilt liegen. Derartige Ansammlungen können wir durch Clustern der Datenbeispiele ermitteln (siehe Kapitel 5.5).

Genauso wie beim *Backpropagation*-Verfahren können durch Verwendung eines Momentums lokale Extrema beim Gradientenabstieg in der Fehlerfunktion überwunden werden. Auch bei radialen Basisfunktions-Netzen kann das Phänomen des *Overfittings* auftreten. Dies kann sich insbesondere dadurch bemerkbar machen, dass jede Stützstelle nur lokal durch eine Basisfunktion approximiert wird, während an den Rändern der Stützstellen die radialen Basisfunktionen steil abfallen und somit keine brauchbare Interpolation stattfindet.

7.5 Selbstorganisierende Karten

Den letzten Netztyp, den wir in diesem Kapitel betrachten, sind die selbstorganisierenden Karten, engl. *Self-Organizing Feature Maps* (SOMs). Selbstorganisierende Karten dienen dazu, hochdimensionale Daten auf eine niedrigdimensionale Karte abzubilden und dabei die Nachbarschaftsstruktur der Daten so gut wie möglich zu erhalten. Im ursprünglichen Raum nahe beieinander liegende Daten sollen auch auf der Karte nahe beieinander liegen. Diese Idee ist durch die sensorischen und motorischen Bereiche im Gehirn inspiriert. Dort sind ebenfalls benachbarte Gehirnareale für benachbarte sensorische, bzw. motorische Bereiche des Körpers zuständig.

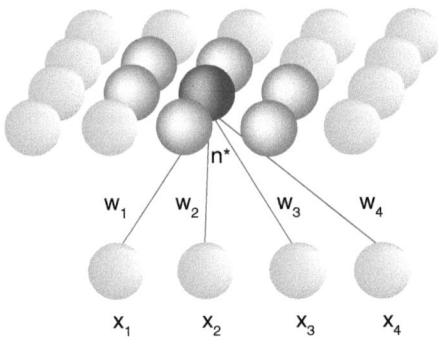

Abbildung 7.7. Beispiel einer Kohonen-Karte. Jede Komponente des Eingabevektors **x** wird hier durch ein Eingabeneuron dargestellt und ist mit jedem Neuron der darüber liegenden 2-dimensionalen Kohonen-Schicht verbunden. Das Gewicht des Gewinner-Neurons n^* und das seiner umliegenden Neuronen wird nach Gleichung 7.33 aktualisiert.

7.5.1 Der Algorithmus

Der Lernalgorithmus wurde von Teuvo Kohonen [32] an der Universität Helsinki vorgeschlagen und zählt zur Klasse der unüberwachten Lernverfahren. Während einer Lernphase werden selbstorganisierend die Gewichtsvektoren der Kohonen-Karte angepasst [43]. Die selbstorganisierende Karte besteht aus einer Menge von Neuronen $n_1, \ldots, n_k$, denen jeweils Gewichtsvektoren $\mathbf{w}_i$ zugeordnet werden. Jedem Neuron n_i wird außerdem eine Position im **Kartenraum** der Neuronen $K \subseteq \mathbb{R}^M$ zugeordnet. Dabei ist die Dimension des Kartenraumes geringer, $M \leq N$, da wir eine Dimensionsreduktion beabsichtigen. Den Abstand zwischen zwei Neuronen n_i und n_j kürzen wir mit d_{ij} ab.

Abbildung 7.8 zeigt den Ablauf des Algorithmus. Zu Anfang werden die Gewichte der Neuronen mit zufälligen Werten initialisiert. In der Lernphase werden dem Netz die hochdimensionalen Eingabedaten präsentiert. Für jeden Eingabevektor wird die Ähnlichkeit zu den Gewichten eines Neurons auf der Karte berechnet. Dazu werden in einer Schleife alle Gewichtsvektoren mit dem ausgewählten Datenbeispiel x verglichen. Das Neuron mit der größten Ähnlichkeit ist das Gewinnerneuron n^*. Sein Gewichtsvektor $\mathbf{w}^*$ hat also den geringsten Abstand d^* zu $\mathbf{x}$

$$d^* = \min_{1 \leq j \leq k} \{d(\mathbf{x}, \mathbf{w}_j)\}. \tag{7.32}$$

Seine Gewichte und die seiner Nachbarn werden in Abhängigkeit einer Lernrate η und seiner **Nachbarschaftsfunktion** h in die Richtung des gerade betrachteten Eingabevektors gezogen. Die Nachbarschaftsfunktion sollte die folgenden Eigenschaften haben:

- h hat sein Zentrum an der Stelle des Neurons n^* und ist dort maximal.

- Außerhalb des Radius, also für Distanzen $d > r$, nimmt h den Wert 0 an.

Dabei wird r als Nachbarschaftsradius bezeichnet. Eine typische Nachbarschaftsfunktion, die diese Voraussetzung erfüllt, ist die Gauß-Funktion.

```
1     Start
2         Initialisiere die Gewichtsvektoren w_i aller Neurone;
3     Repeat
4         Wähle zufällig ein Datenbeispiel x aus Trainingsmenge;
5         Vergleiche x mit jedem Gewichtsvektor w_i der SOM;
6         Gewinnerneuron n* hat minimale Distanz
              d* = min_{1≤j≤k}{d(x,w_j)};
7         Anpassung aller Gewichtsvektoren
              w'_i = w_i + η · h(w*,w_i,r) · (x − w_i);
8         Verkleinere Lernrate η oder Nachbarschaftsradius r;
9     Until Abbruchbedingung
10    End
```

Abbildung 7.8. Ablauf des Kohonen-Algorithmus.

Die Gewichte des Gewinnerneurons und der umliegenden Nachbarneurone verändern wir nun mir Hilfe von η und h so, dass sie in Richtung des Datenbeispiels x gezogen werden

$$\mathbf{w}'_i = \mathbf{w}_i + \eta \cdot h(\mathbf{w}^*,\mathbf{w}_i,r) \cdot (\mathbf{x} - \mathbf{w}_i). \tag{7.33}$$

Der Algorithmus führt zu einer Abbildung des Datenraumes D in den Kartenraum K. Diese Anordnung hat die Eigenschaft, dass die Topologie der Nachbarschaften erhalten bleibt. Im Datenraum entfernte Daten werden auch auf der Karte entfernt abgebildet. Daten, die nahe beieinander liegen, werden auch in räumlicher Nähe abgebildet. Man spricht in diesem Zusammenhang von **topologieerhaltenden Abbildungen**. Für gewöhnlich wird der Radius r durch eine Funktion σ realisiert, die im Laufe des Algorithmus abfällt. Um für Konvergenz des Verfahrens zu sorgen, müssen wir ebenfalls η über die Iterationen hinweg reduzieren. Wir können $\sigma(t)$ – wie auch den Lernparameter η – mit Hilfe einer abfallenden Funktion im Laufe der Iterationen verkleinern, etwa mit

$$\sigma(t) = \sigma_s \left(\frac{\sigma_e}{\sigma_s}\right)^{t/t_e}, \qquad (7.34)$$

wobei σ_s der Startwert und σ_e der Endwert, insbesondere der zugehörige Funktionswert zu t_e ist.

7.5.2 Beispiel

Wir befinden uns im Datenraum $D \subset \mathbb{R}^3$. Gegeben seien folgende Eingabedaten:

$$\mathbf{x}_1 = \begin{pmatrix} 1 \\ 0 \\ 0 \end{pmatrix}, \mathbf{x}_2 = \begin{pmatrix} 0 \\ 1 \\ 0 \end{pmatrix}, \mathbf{x}_3 = \begin{pmatrix} 0 \\ 0 \\ 1 \end{pmatrix}. \qquad (7.35)$$

Dieser Datenraum D soll auf eine selbstorganisierende Karte mittels des Kohonen-Algorithmus abgebildet werden. Die Ausgabeschicht der Karte bestehe aus drei Neuronen $n_i, 1 \leq i \leq 3$, die linear angeordnet sind. Die Neuronen n_i und n_j haben den Abstand $\|i - j\|$ voneinander. Als Nachbarschaftsfunktion wird

$$h(n^*, n_j, \sigma) = \exp\left(\frac{-|d_{*,j}|^2}{2\sigma^2}\right) \qquad (7.36)$$

verwendet, wobei $d_{*,j}$ den Abstand zwischen Gewinnerneuron

n^* und Neuron n_j angibt. Die Gewichtsvektoren $\mathbf{w}_i, 1 \leq i \leq 3$ werden mit folgenden Werten initialisiert:

$$\mathbf{w}_1 = \begin{pmatrix} 1 \\ 2 \\ 3 \end{pmatrix}, \mathbf{w}_2 = \begin{pmatrix} 3 \\ 1 \\ 2 \end{pmatrix}, \mathbf{w}_3 = \begin{pmatrix} 2 \\ 3 \\ 1 \end{pmatrix}. \quad (7.37)$$

Wir wenden den Lernalgorithmus auf den oben genannten Datensatz an und simulieren die Durchführung einer Iteration. Verwendet wird als Lernrate $\eta = 0{,}5$ und ein konstanter Nachbarschaftsradius $\sigma = 0{,}9$. Betrachtet wird zuerst die Eingabe

$$\mathbf{x}_1 = \begin{pmatrix} 1 \\ 0 \\ 0 \end{pmatrix}. \quad (7.38)$$

Im ersten Schritt erfolgt die Bestimmung der Distanzen zu den Gewichtsvektoren:

$$\mathbf{x}_1 - \mathbf{w}_1 = \begin{pmatrix} 1-1 \\ 0-2 \\ 0-3 \end{pmatrix} = \begin{pmatrix} 0 \\ -2 \\ -3 \end{pmatrix}, \quad (7.39)$$

$$\|\mathbf{x}_1 - \mathbf{w}_1\| = \sqrt{0^2 + (-2)^2 + (-3)^2} = \sqrt{13}, \quad (7.40)$$

$$\mathbf{x}_1 - \mathbf{w}_2 = \begin{pmatrix} 1-3 \\ 0-1 \\ 0-2 \end{pmatrix} = \begin{pmatrix} -2 \\ -1 \\ -2 \end{pmatrix}, \quad \|\mathbf{x}_1 - \mathbf{w}_2\| = \sqrt{9} = 3,$$
$$(7.41)$$

7.5 Selbstorganisierende Karten

$$\mathbf{x}_1 - \mathbf{w}_3 = \begin{pmatrix} 1-2 \\ 0-3 \\ 0-1 \end{pmatrix} = \begin{pmatrix} -1 \\ -3 \\ -1 \end{pmatrix}, \quad \|\mathbf{x}_1 - \mathbf{w}_3\| = \sqrt{11}. \tag{7.42}$$

Folglich ist Neuron n_2 der Gewinner, da sein Gewichtsvektor $\mathbf{w}_2$ die geringste Distanz zum Eingabevektor $\mathbf{x}_1$ besitzt. Also lautet für n_2 die Gewichtsanpassung wie folgt:

$$\mathbf{w}_2' = \begin{pmatrix} 3 \\ 1 \\ 2 \end{pmatrix} + 0{,}5 \cdot \exp(0) \cdot \begin{pmatrix} -2 \\ -1 \\ -2 \end{pmatrix} = \begin{pmatrix} 2 \\ 0{,}5 \\ 1 \end{pmatrix}. \tag{7.43}$$

Für die anderen Neuronen ergibt sich

$$\mathbf{w}_1' = \begin{pmatrix} 1 \\ 2 \\ 3 \end{pmatrix} + 0{,}5 \cdot \exp\left(\frac{-(1^2)}{2 \cdot (0{,}9)^2}\right) \cdot \begin{pmatrix} 0 \\ -2 \\ -3 \end{pmatrix} = \begin{pmatrix} 1 \\ 1{,}46 \\ 2{,}19 \end{pmatrix}$$

und

$$\mathbf{w}_3' = \begin{pmatrix} 2 \\ 3 \\ 1 \end{pmatrix} + 0{,}5 \cdot \exp\left(\frac{-(1^2)}{2 \cdot (0{,}9)^2}\right) \cdot \begin{pmatrix} -1 \\ -3 \\ -2 \end{pmatrix} = \begin{pmatrix} 1{,}73 \\ 2{,}19 \\ 0{,}73 \end{pmatrix}.$$

Wir stellen am Rand fest, dass bei einer Lernrate von $\eta = 1$ das Gewinnerneuron so aussehen würde wie der Eingabevektor $w^* = x$. Als nächstes werden der Karte weitere Datenbeispiele präsentiert. Lernrate und Nachbarschaftsradius werden im Laufe des Algorithmus reduziert bis schließlich ein Abbruchkriterium erreicht wird. Schlussendlich werden die Datenbeispiele auf die drei Neuronen aufgeteilt und somit auf die Neuronen-Nummern 1 bis 3 reduziert.

Eine selbstorganisierende Karte sollte sich gleichmäßig über den Suchraum entfalten. Werden jedoch die Nachbarschaftsradien von Anfang an zu klein gewählt oder im Laufe des Algorithmus zu schnell reduziert, kann es zu topologischen Defekten kommen. Topologische Defekte zeichnen sich dadurch aus, dass Teile des Netzes zwar die Nachbarschaften lokal repräsentieren, jedoch nicht in globaler Weise. So kann es an einigen Stellen zu Verzerrungen und Drehungen des Netzes um einzelne Neuronen kommen.

7.5.3 Neuronales Gas

Um das Problem topologischer Defekte zu umgehen, wurde 1991 von Martinetz das neuronale Gas vorgestellt [37]. Es besitzt keine vorgegebene toplogische Struktur wie die 2- oder 3-dimensionalen Gitterstrukturen der selbstorganisierenden Karten. Stattdessen werden die Nachbarschaftsrelationen alleine durch die Lagebeziehungen der Neuronengewichte im Eingaberaum definiert. Wie eine selbstorganisierende Karte besteht das neuronale Gas aus einer Menge von k Neuronen mit Gewichtsvektoren in der Dimensionalität des Eingaberaumes. Die Änderung im Vergleich zur selbstorganisierenden Karte liegt nun in der Definition des Abstandsmaßes d für die Nachbarschaftsfunktion h. Dieser wird nicht mehr über den Abstand auf der Karte definiert, sondern hängt von der Entfernung des Eingabevektors $\mathbf{x}$ im Datenraum ab. Für jedes Neuron n_i wird die Anzahl g_i der Neuronen berechnet, die zum betrachteten Datenelement $\mathbf{x}$ einen geringeren Abstand als das Neuron selbst haben,

$$g_i = |\{n_j | j \in 1,\ldots,k \text{ mit } \|\mathbf{x} - \mathbf{w}_j\| < \|\mathbf{x} - \mathbf{w}_i\|\}|. \quad (7.44)$$

Mit Hilfe dieser Anzahl g_i wird nun die Gewichtsanpassung berechnet. Die Funktion $h(g_i,r)$ definiert die Nachbarschaft und kann mit Hilfe der exp-Funktion implementiert werden, etwa durch $h(g_i,r) = \exp(\frac{g_i}{r})$. Die Gewichtsanpassung eines

Neurons n_i erfolgt nun nach

$$\mathbf{w}'_i = \mathbf{w}_i + \eta \cdot h(g_i, r) \cdot (\mathbf{x} - \mathbf{w}_i), \qquad (7.45)$$

wie bei der selbstorganisierende Karte mit der Lernrate η. Je größer die Anzahl von Neuronen mit geringerem Abstand als dem eigenen, desto kleiner fällt die Änderung des Gewichtes aus. Wie bei der selbstorganisierende Karte werden r und η in der Regel durch eine abfallende Funktion $\sigma(t)$ dargestellt. Eine weitere Eigenschaft des Verfahrens liegt nun darin, Nachbarschaften zwischen den Neuronen zu bilden. In jeder Iteration erhalten die beiden Neuronen mit dem geringsten Abstand zum Datenbeispiel $\mathbf{x}$ eine Verbindung. Das Alter c_{ij} der Verbindung zwischen Neuron n_i und Neuron n_j wird auf eins gesetzt, wenn n_i und n_j die zu $\mathbf{x}$ nächsten Neuronen sind und sonst bei jeder Iteration inkrementiert. Die Verbindung wird gelöscht, wenn c_{ij} ein maximales Alter von τ erreicht. Auch τ sollte im Laufe des Verfahrens ähnlich wie $\sigma(t)$ reduziert werden. Die Verbindungsmatrix $\mathbf{C} = (c_{ij})$ gibt schließlich Aufschluss über die Relationen im Merkmalsraum. Überall dort, wo Nachbarschaften anzutreffen sind, liegen die Eingaben im Datenraum nahe beeinander.

Literaturempfehlung

RITTER, H.; MARTINETZ, T.; SCHULTEN, K.: *Neuronale Netze*. Addison Wesley, 1991, [43].

ROJAS, R.: *Theorie der neuronalen Netze: Eine systematische Einführung*. Springer, 1993, [44].

ZELL, A.: *Simulation Neuronaler Netze*. Addison-Wesley, 1994, [57].

Literatur

[1] BANZHAF, W.; NORDIN, P.; KELLER, R.: *Genetic Programming, an Introduction. Automatic Evolution of Computer Programs and Its Applications.* Dpunkt-Verlag, 2002.

[2] BARTZ-BEIELSTEIN, T.; LASARCZYK, C.; PREUSS, M.: Sequential Parameter Optimization. In: MCKAY, B. (Hrsg.) u. a.: *Proceedings of the IEEE Congress on Evolutionary Computation* Band 1, IEEE Press, 2005, S. 773–780.

[3] BEYER, H.-G.: An Alternative Explanation for the Manner in which Genetic Algorihms Operate. In: *BioSystems* 41, 1997, S. 1–15.

[4] BLUM, Christian.; MERKLE, D.: *Swarm Intelligence: Introduction and Applications.* Springer, 2008.

[5] BROCKMANN, W.; HORST A.: Stabilizing the Convergence of Online-Learning in Neuro-Fuzzy Systems by an Immune System-Inspired Approach. In: *IEEE International Conference on Fuzzy Systems.* London, 2007, S. 1–6.

[6] BUHMANN, M. D.; ABLOWITZ M. J.: *Radial Basis Functions: Theory and Implementations.* Cambridge University, 2003.

[7] BEYER, H.-G.; SCHWEFEL, H.-P.: Evolution strategies - A Comprehensive Introduction. In: *Natural Computing* 1, 2002, S. 3–52.

[8] BONABEAU, E.: Editor's Introduction: Stigmergy. In: *Artificial Life* 5, 1999, Nr. 2, S. 95–96.

[9] CLERC, M.: Discrete Particle Swarm Optimization. In: *New Optimization Techniques in Engineering*, 2004, S. 219.
[10] DE CASTRO, L. N.; TIMMIS, J. I.: *Artificial Immune Systems: A New Computational Intelligence Approach*. London, Springer, 2002.
[11] DE CASTRO, L. N.; TIMMIS, J. I.: Artificial Immune Systems as a Novel Soft Computing Paradigm. In: *Soft Computing 7*, 2003, Nr. 8, S. 526–544.
[12] DORIGO, M.: *Optimization, Learning and Natural Algorithms*. Italy, Politecnico di Milano, Dissertation, 1992.
[13] DORIGO, M.; STÜTZLE, T: *Ant Colony Optimization*. Prentice Hall, 2004.
[14] EIBEN, A. E.; SMITH, J. E.: *Introduction to Evolutionary Computing*. Berlin, 2003.
[15] FARMER, J. D.; PACKARD, N. H.; PERELSON, A. S.: The Immune System, Adaptation, and Machine Learning. In: *Phys. D 2*, 1986, Nr. 1–3, S. 187–204.
[16] FOGEL, L.J.; OWENS, A.J.; WALSH, M.J.: *Artificial Intelligence through Simulated Evolution*. Wiley, New York, 1966.
[17] GOLDBERG, D. E.; LINGLE, R.: Alleles, Loci and the Traveling Salesman Problem. In: GREFENSTETTE, J.J. (Hrsg.): *Proceedings of the 1st International Conference on Genetic Algorithms and Their Applications*, 1985, S. 154–159.
[18] GOLDBERG, D.: *Genetic Algorithms in Search, Optimization and Machine Learning*. Addison-Wesley, Reading, MA, 1989.
[19] GÖRZ, G.: *Handbuch der Künstlichen Intelligenz*. Oldenbourg, 2003.
[20] GUIMARÃES, K. S.; MELO, J. C. B.; CAVALCANTI, G. D. C.: Combining Few Neural Networks for Effective Secondary Structure Prediction. In: *Proceedings of the 3rd IEEE Symposium on Bioinformatics and BioEngineering*, 2003, S. 415–420.
[21] HANSEN, N.: *The CMA Evolution Strategy: A Tutorial*. ETH Zürich. 2005, Forschungsbericht.
[22] HANSEN, N.; OSTERMEIER, A.: Completely Derandomized Self-Adaptation in Evolution Strategies. In: *Evolutionary Computation 9*, 2001, Nr. 2, S. 159–195
[23] HART, E.; ROSS P.: The Evolution and Analysis of a Potential Antibody Library for Use in Job-Shop Scheduling. In: *New Ideas in Optimization*. London, McGraw Hill, 1999, S. 185–202.

[24] HODGKIN, L. A.; HUXLEY, A. F.: A Quantitative Description of Membrane Current and its Application to Conduction and Excitation in Nerve. In: *J Physiol* 117, 1952, Nr. 4, S. 500–544.

[25] HOLLAND, J. H.: *Adaptation in Natural and Artificial Systems.* University of Michigan Press, Ann Arbor, 1975.

[26] HOLLAND, J. H.: *Hidden Order: How Adaptation Builds Complexity.* Addison-Wesley, Reading, MA, 1995.

[27] HÖPPNER, F.; KLAWONN, F.; KRUSE, R.: *Fuzzy Clusteranalyse.* Vieweg, 1997.

[28] KENNEDY, J.; EBERHART, R.C.; YUHUI, S.: *Swarm Intelligence.* Morgan Kaufmann, 2001.

[29] KENNEDY, J.; EBERHART, R.: Particle Swarm Optimization. In: *Proceedings of IEEE International Conference on Neural Networks*, 1995, S. 1942–1948.

[30] KLEINE BÜNING, H.; LETTMANN, T.: *Aussagenlogik: Deduktion und Algorithmen.* Teubner, 1994.

[31] KLIR, G.J; YUAN, B.: *Fuzzy Sets and Fuzzy Logic.* Cambridge: MIT Press, 1995.

[32] KOHONEN, T.: The Self-Organizing Map. In: *Proceedings of the IEEE* 78, 1990, Nr. 9, S. 1464-1480.

[33] KONAR, A.: *Computational Intelligence.* Springer, 2005.

[34] KOZA, J. R.: *Genetic Programming: On the Programming of Computers by Means of Natural Selection.* Cambridge: MIT Press, 1992.

[35] KRAMER, O.: *Self-Adaptive Heuristics for Evolutionary Computation.* Berlin, Springer, 2008.

[36] LIPPE, W.-M.: *Soft-Computing.* Springer, 2006.

[37] MARTINETZ, T.; SCHULTEN, K.: A „Neural Gas" Network Learns Topologies. In: *Artificial Neural Networks.* Amsterdam: Elsevier, 1991, S. 397–402.

[38] MITCHELL, T. M.: *Machine Learning.* McGraw-Hill, 1997.

[39] MÜLLER, H.; LAUER, M.;HAFNER, R.; LANGE, S.; MERKE, A.;RIEDMILLER, M.: Making a Robot Learn to Play Soccer Using Reward and Punishment. In: *KI 2007 Advances in Artificial Intelligence*, Springer, 2007, S. 220–234.

[40] NANNEN, V.; EIBEN, A.: A Method for Parameter Calibration and Relevance Estimation in Evolutionary Algorithms. In: *Proceedings of the 8th Conference on Genetic and Evolutionary Computation.* New York: ACM Press, 2006, S. 183–190.

[41] RECHENBERG, I.: *Evolutionsstrategie: Optimierung technischer Systeme nach Prinzipien der biologischen Evolution*. Frommann-Holzboog, Stuttgart, 1973.
[42] REYNOLDS, C. W.: Flocks, Herds, and Schools: A Distributed Behavioral Model. In: *Computer Graphics* 21, 1987, Nr. 4, S. 25–34.
[43] RITTER, H.; MARTINETZ, T.; SCHULTEN, K.: *Neuronale Netze*. Addison Wesley, 1991.
[44] ROJAS, R.: *Theorie der neuronalen Netze: Eine systematische Einführung*. Berlin, Springer, 1993.
[45] ROSENBLATT, F.: The Perceptron. A Probabilistic Model for Information Storage and Organization in the Brain. In: *Psychological Reviews* 65, 1958, S. 386–408.
[46] RUMELHART, D. E.; HINTON, G. E.; WILLIAMS, R. J.: Learning Internal Representations by Back-Propagating Errors. In: *Nature* 323, 1986, S. 533–536.
[47] RUSSEL, S.; NORVIG, P.: *Artificial Intelligence: A Modern Approach*. Prentice Hall, 1995.
[48] RUTKOWSKI, L.: *Computational Intelligence - Methods and Techniques*. Springer, 2008.
[49] SCHÖNING, U.: *Logik für Informatiker*. Spektrum Akademischer Verlag, 2000.
[50] SCHWEFEL, H.-P.: *Numerische Optimierung von Computer-Modellen mittels der Evolutionsstrategie*. Birkhäuser, Basel, 1977.
[51] SCHWEFEL, H.-P.: *Evolution and Optimum Seeking*. New York: Wiley Interscience, 1995.
[52] SHI, Y.; EBERHART, R.: A Modified Particle Swarm Optimizer. In: *Evolutionary Computation Proceedings. IEEE World Congress on Computational Intelligence*, 1998, S. 69–73.
[53] SPECTOR, L.; KLEIN, J.; PERRY, C.; FEINSTEIN, M.: Emergence of Collective Behavior in Evolving Populations of Flying Agents. In: *Proceedings of the 5th Conference on Genetic and Evolutionary Computation*, 2003, S. 61–73.
[54] SUTTON, R.; BARTO, A.: *Reinforcement Learning: An Introduction*. Cambridge: MIT Press, 1998.

[55] TIMMIS, J.: *Artificial Immune Systems: A Novel Data Analysis Technique Inspired by the Immune Network Theory*. UK, University of Wales, Dissertation, 2000.

[56] ZADEH, L.: Fuzzy Sets. In: *Information and Control*, 1965, Nr. 8, S. 338–353.

[57] ZELL, A.: *Simulation Neuronaler Netze*. Addison-Wesley, 1994.

[58] ZIEGLER, J.: *Evolution von Laufrobotersteuerungen mit Genetischer Programmierung*, Universität Dortmund, Dissertation, 2003.

Index

δ-Regel, 127
überwachtes Lernen, 122

Ablaufplanung, 68
Aktionspotenzial, 120
Ameisenalgorithmen, 51
Antigen, 60
Antikörper, 62
Aussagenlogik, 77

Backpropagation, 128
Bionik, 6
Building Block Hypothese, 26

charakteristische Funktion, 76
Clustern, 98
Computational Intelligence, 1
Crossover, 25

Defuzzifizierung, 92
Double-Bridge-Experiment, 52

dynamische Programmierung, 104

Emergenz, 42
Epitop, 71
evolutionäre Programmierung, 19
evolutionärer Algorithmus, 13, 16
  Ablauf, 18
  Generation, 17
  Grundformen, 18
  Mutation, 21
  Optimierung, 15
  Parametersteuerung, 35
  Rekombination, 25
  Selektion, 30
Evolutionsstrategie, 19
Exploration, 21
Explorations-Exploitations-Dilemma, 116

Fuzzy
  Clustern, 95
  De Morgan'sches Gesetz, 84
  Defuzzifizierung, 92
  Dreiecksfunktion, 80
  Implikation, 88
  k-Means, 98
  Kern, 82
  Komplement, 84
  Konjunktion, 83
  linguistische Terme, 79
  Max-Min-Inferenz, 87
  Menge, 79
  Modifizierer, 82
  Operatoren, 83
  Regler, 85, 89
  Relation, 85
  s-Norm, 84
  Schnitt, 82
  t-Norm, 83
  Teilmengenbeziehung, 85
  Träger, 82
  Vereinigung, 84
  Zugehörigkeit, 98
  Zugehörigkeitsfunktion, 80
Fuzzy Modus Ponens, 86
Fuzzy-k-Means, 98
Fuzzy-Assoziativ-Matrix, 87
Fuzzy-Clustern, 95
Fuzzy-Inferenz, 89
Fuzzy-Logik, 75
Fuzzy-Mengen, 79
Fuzzy-Regler, 85

Gen, 14
Genetic Repair Effekt, 26
Genetische Programmierung, 33
genetische Programmierung, 20
genetischer Algorithmus, 18
Genexpression, 15
Genotyp, 15
Gradientenabstieg, 129

heterogenes Cluster, 95
homogenes Cluster, 95
hybride Metaheuristik, 20

Implikation, 88

k-Means, 96
künstliche Intelligenz, 3
künstliches Immunsystem, 59
  Affinität, 63
  klonale Selektion, 66
  negative Selektion, 64
  Netzwerkmodell, 62
  populationsbasiert, 62
  Shape Space, 63
Künstliches Leben, 44
Klassifikation, 122
klonale Expansion, 67
klonale Selektion, 62, 66
Kohonen-Karte, 140
  Kartenraum, 141
  Nachbarschaftsfunktion, 141
  topologieerhaltende Abbildung, 143
  topologischer Defekt, 146
Kovarianzmatrix-Adaptation, 25

Lernen
  überwachtes, 122
  unüberwachtes, 122
lineare Separierbarkeit, 127

linguistische Variable, 79
linguistischer Term, 79

Markov-Entscheidungsprozess, 102
Max-Kriterium-Methode, 92
Max-Min-Inferenz, 87, 92
memetischer Algorithmus, 20
Mittelwert-Maximum-Methode, 92
Modus Ponens, 78
Modus Tollens, 78
Momentum-Term, 133
Mustererkennung, 63
Mutation
  Bit-, 22
  Gauß-, 24
  Inversions-, 22
  Random Resetting, 22
  uniforme, 22
Mutationsellipsoid, 25
Mutationsrate, 67

Netzwerkmodell
  diskret, 62, 72
  kontinuierlich, 62, 71
Neuron, 120
Neuronale Netze, 119
  δ-Regel, 127
  Backpropagation, 128
  Hebbsche Regel, 121
  Hodgkin-Huxley, 125
  Kohonen-Karte, 140
  Kompartment-Modell, 125
  Netz mit radialen Basisfunktionen, 137
  Netzgewichte, 122
  Perzeptron, 125
  pulskodierte, 124
  selbstorganisierende Karte, 140
  Spiking, 124
  Widrow-Hoff-Regel, 127
Neuronales Gas, 146
Nukleotid, 14

Optimierung, 15
Overfitting, 123, 139

Parameter
  endogen, 35
  exogen, 35
  Steuerung, 35
Parametersteuerung, 35
  adaptiv, 37
  deterministisch, 36
Paratop, 71
Partially Mapped Crossover, 29
Partikelschwarmoptimierung, 46
  Beschleunigungskoeffizienten, 47
  diskret, 50
  kontinuierlich, 47
Perzeptron, 125
Phänotyp, 15
Pheromonablage, 54
Prolog, 4

Q-Lernen, 110

Realitätslücke, 113
Regelbasis, 89
Reinforcement Learning, 101
  ϵ-greedy, 116

Index

Aktion, 102
Diskontierungsfaktor, 105
Markov-Eigenschaft, 102
Policy, 104
Q-Lernen, 110
Softmax, 116
Value Iteration, 104
Verhaltensstrategie, 104
Zielzustand, 107
Zustand, 102
Zustandsübergangsfunktion, 102
Zustandsraum, 102
Rekombination, 25
  Building Block Hypothese, 26
  diskrete, 28
  dominante, 28
  Genetic Repair Effekt, 26
  intermediäre, 28
  Kreuzungspunkt, 27
  n-Punkt-Crossover, 26
  PMX, 29
Robotik, 33, 111

Schwarmbildung, 43
Schwarmintelligenz, 41
Schwellwert, 126
Schwerpunktmethode, 93
selbstorganisierende Karte, 140
Selektion, 30
  fitnessproportionale, 32
  klonale, 66
  Komma-, 31
  negative, 64
  Plus-, 31
  positive, 64
  Turnier-, 32
  zum Überleben, 31
  zur Paarung, 30
Selektionsdruck, 31
Sigmoidfunktion, 130
Simple GA, 19
Stigmergie, 42
Strategieparameter, 39
subsymbolisch, 4
symbolisch, 3

Temporal Difference Learning, 109
Testmenge, 123
Trägheitsparameter, 49
Trainingsmenge, 123

Value Iteration, 104, 105
Verwitterungsfaktor, 55

MIX
Papier aus verantwortungsvollen Quellen
Paper from responsible sources
FSC® C105338

If you have any concerns about our products,
you can contact us on
ProductSafety@springernature.com

In case Publisher is established outside the EU,
the EU authorized representative is:
**Springer Nature Customer Service Center GmbH
Europaplatz 3, 69115 Heidelberg, Germany**

Printed by Libri Plureos GmbH
in Hamburg, Germany